Restaurants
brasseries & bistrots parisiens

Dans la même collection, aux Editions Ereme :

Bistrots, brasseries et restaurants Parisiens (2004)
Restaurants, brasseries et bistrots bruxellois (2005)
Bouchons, brasseries et restaurants lyonnais (2005)
Restaurants, brasseries et bistrots du Bordelais (2006)
Restaurants, brasseries et bistrots de Provence (2007)

© Editions Ereme 2007
Tous droits de reproduction réservés en toutes langues pour tous pays.
Achevé d'imprimer en septembre 2007 sur les presses de Ferré Olsina, UE
EAN 9782915337471

Restaurants
brasseries & bistrots parisiens

Préface
André Santini

Photographies
Valentine Vermeil

Textes
Matthieu Flory
Clémentine Forissier

Editions Ereme

Préface
André Santini

Je ne choisis jamais mes tables par hasard. Comme disait Churchill : « Je ne suis pas difficile, je me contente du meilleur ! ». C'est qu'élevé dans un bistrot (mon père en ouvrit un à Barbès d'abord, puis le succès aidant, acheta un restaurant au pied du pont de Courbevoie, *Le Petit Vatel*, bientôt rebaptisé *Porto-Bar*), j'ai gardé le goût des ambiances bruyantes du comptoir, des tables bien mises et des repas gourmands.

L'uniformisation accélérée des modes alimentaires apparaît ainsi, pour moi, comme une insulte, pire, un sacrilège fait au bon goût français, à notre tradition culinaire, et à cette alchimie qui fait des bistrots, brasseries et des restaurants les derniers bastions de la convivialité, un vilain mot de nos jours !

C'est bien simple, il n'y a plus que là ou presque que les gens se parlent. Plus sûrement que les lieux de culte et les enceintes sportives, les bistrots favorisent aujourd'hui la réconciliation de l'ouvrier et de son patron, des hommes et des femmes (elles y sont par bonheur de plus en plus nombreuses) et celle des générations.

C'est que rechercher la volupté de gueule en solitaire est un vice que la morale réprouve. Jean-Jacques Rousseau écrivait déjà dans ses *Confessions* : « Il ne me faut que des plaisirs purs. J'aime par exemple ceux de la table ; mais je ne puis les goûter qu'avec un ami ; car seul, cela ne m'est pas possible ; mon imagination s'occupe avec d'autre chose, et je n'ai pas le plaisir de manger. »

J'ai mes habitudes dans une brasserie d'Issy-les-Moulineaux qui fait face à la Mairie, sacrée « meilleur bistrot de … Paris » il y a deux ans. L'ambiance est authentique. Le foie de veau et la côte de bœuf y sont incomparables. J'y retrouve l'atmosphère de mon enfance: le bruit des verres, l'ardoise des desserts, l'agitation des serveurs, l'accueil chaleureux et souriant de la « patronne », les éclats de rire, les coups de gueule, les conversations qui agitent les tables voisines et qui, par la magie des lieux, n'en font bientôt plus qu'une.

Le livre que vous tenez entre les mains a choisi de recenser les plus vieux bistrots et restaurants de la Capitale. Ils identifient véritablement leur quartier : que serait Montparnasse sans *La Closerie des Lilas*, la rue Royale sans *Maxim's* ou encore les Champs-Élysées sans le *Fouquet's* ? Ils sont souvent les plus beaux et constituent des pièces extraordinaires du puzzle architectural parisien. Y prendre un repas, n'est pas seulement un plaisir de la bouche, mais un plaisir des yeux. Comment rester insensible à la qualité des boiseries de l'un, aux cuivres impeccablement nettoyés de l'autre, à la transparence des cristaux des lustres du troisième, et encore aux pâtisseries colorées des plafonds, aux verres gravés et aux zincs rares à la face recouverte de plaques de marbre bicolore ?

Mais leur charme vient aussi d'ailleurs. Ils sont d'authentiques lieux de mémoire. Les bistrots et restaurants qu'il vous est proposé de découvrir ont été bien souvent les théâtres vibrants des mouvements qui, de 1850 à 1930, ont fait avancer la pensée, les arts, la politique. Qu'ils aient abrité les débats de société les plus ardents ou les révolutions artistiques les plus audacieuses, ils nous disent tous quelque chose de notre Histoire. Cantines de repli des Anciens, refuges des Modernes, repaires pour artistes désargentés ou antre confortable des puissants, ils sont même devenus des acteurs à part entière de notre Histoire. Il flotte encore dans ces maisons de renom, l'effervescence des veilles de complots ou l'exaltation des rendez-vous volés. On y entend l'écho du tumulte des soirées de fête. Il y ainsi quelque chose d'émouvant à manger aux côtés des fantômes de leurs glorieux clients.

Le mérite de ce livre est grand, on le voit : en plus d'être un hommage rendu à notre histoire, il est une ode au bon goût. Les recettes proposées pour chacun des établissements retenus, achèveront de vous en convaincre.

J'arrête là mon bavardage pour vous inviter à les découvrir sans tarder. À table !

André SANTINI
Secrétaire d'État
Député – Maire d'Issy-les-Moulineaux

Index des Bistrots, Brasseries et Restaurants

1ᵉʳ Arrondissement
L'Escargot Montorgueil	10
Le Grand Véfour	14
Le Zimmer	20

2ème Arrondissement
Aux Lyonnais	24
La Fontaine Gaillon	28
Gallopin	32
Le Grand Colbert	38

3ème Arrondissement
L'Ami Louis	44
Anahi	48
Guillaume	52

4ème Arrondissement
Benoît	56
Bofinger	60
Le Dôme du Marais	66
Georges	70

5ème Arrondissement
Balzar	78

6ème Arrondissement
Bouillon Racine	82
Brasserie Lutétia	86
La Closerie des Lilas	90
Les Deux Magots	94
Lapérouse	98
Montparnasse 1900	104
Le Paris	108
Polidor	112
Vagenende	116

7ème Arrondissement
La Maison du Télégraphe	122

8ème Arrondissement
Apicius	126
Le Bœuf sur le Toit	132
1728	136

Le Fouquet's — 142
Maxim's — 146
Mollard — 150

9ème Arrondissement
Le Café de la Paix — 156
Au Petit Riche — 162

10ème Arrondissement
Flo — 166
Julien — 170
La Table du Pavillon — 176
Le Terminus Nord — 180

11ème Arrondissement
Le Bistrot du Peintre — 186
Le Clown Bar — 190
Unico — 194

12ème Arrondissement
Le Square Trousseau — 198
Le Train Bleu — 202

14ème Arrondissement
Le Dôme — 210

15ème Arrondissement
Je Thé…Me — 214

16ème Arrondissement
La Cristal Room — 220
La Gare — 226
La Grande Cascade — 230
Prunier — 234

17ème Arrondissement
Le Bistrot d'À Côté — 240

19eme Arrondissement
Le Bœuf Couronné — 246

20ème Arrondissement
Zéphyr — 250

Table des Recettes — 254

1er Arrondissement & 2ème Arrondissement

38, rue Montorgueil
75001 Paris
tel : 01.42.36.83.51

L'ESCARGOT MONTORGUEIL

Sur la marquise du 38 rue Montorgueil trône fièrement un escargot doré. Gorgée des coquilles de centaines de petits gastéropodes ambrés, la vitrine de l'endroit en dit long sur son atmosphère. Fruit de l'association du propriétaire d'alors, le marchand de vins Bourreau, et du restaurateur Mignard, *L'Escargot d'Or* apparaît en 1874 avec pour devise : « Vins, escargots et restaurant ».

Dans ce décor Second Empire au plafond à panneaux d'arabesques, de perles et de coupes de fruits en relief, la bourgeoisie parisienne se délecte de ces petits mollusques cuisinés au beurre d'ail, en vol-au-vent ou au curry.

André Terrail, propriétaire de la prestigieuse *Tour d'Argent*, rachète en 1919 cette station réputée des Halles et place son compère Lespinas, ancien cuisinier du roi d'Égypte, aux fourneaux. Le restaurant acquiert alors sa notoriété : au premier étage, auquel on accède par un escalier... en colimaçon, de nombreux hommes politiques ont établi leurs quartiers, tandis que sur l'invitation des angelots cuisiniers peints sur le plafond de l'entrée – œuvre réalisée par Clairin pour la salle à manger de Sarah Bernhardt et rachetée par André Terrail – le Tout Paris des Années Folles s'encanaille au rez-de-chaussée.

Intime et chaleureux, le restaurant a attiré tout au long du XXe siècle une spirale de personnalités du monde des arts, des lettres et du spectacle telles que Marcel Proust, Charlie Chaplin, Mistinguett, puis plus tard, Salvador Dali ou Orson Welles.

Quand elle reprend l'établissement, en 1975, Kouikette Terrail, la fille d'André, rénove le décor d'origine : boiseries noires, banquettes rouges et moulures dorées, devanture en bois à motifs de losanges, l'atmosphère des débuts est intacte et l'escargot toujours à l'honneur.

LES ESCARGOTS DE LA GUEUZAILLE

Ingrédients

pour 4 personne

4 très grosses pommes de terre
36 escargots de Bourgogne
20 g d'échalote
1 tête d'ail
1/2 botte de persil
400 g de beurre
80 g de crème fraîche
sel -poivre

Progression

Cuire les pommes de terre en robe des champs.
Les poêler à l'huile chaude afin de dorer la peau.
Hacher l'échalote, ail et persil très fin.
Mélanger avec la crème fraîche et le beurre ramolli.
Mettre au réfrigérateur 15 mn.
Avec les 2/3 de cette farce, remplir les pommes de terre que vous aurez préalablement coupées comme un œuf à la coque, et creusées avec une petite cuiller.
Fourrer chaque pomme de terre avec 9 escargots et mettre au four 10 mn.
Terminer en nappant avec la farce restante, bien chauffée dans une casserole.
Décorer avec quelques brins de cerfeuil et servir aussitôt.

17, rue du Beaujolais
75001 Paris
tel : 01.42.96.56.27

LE GRAND VÉFOUR

Le Grand Véfour est l'une des très rares adresses parisiennes a avoir conservé son décor à l'identique depuis le XVIIIe siècle.

L'établissement, qui ouvre rue du Beaujolais en 1784, s'appelle tout d'abord *Le Café des Chartres*. Sa création s'inscrit dans un important programme de réaménagement des jardins du Palais Royal entrepris par Philippe d'Orléans, alors Duc de Chartres, propriétaire du Palais et des jardins, qui décide de lotir une partie des ses terrains pour se désendetter. C'est à cette occasion que les rues de Montpensier, Valois et Beaujolais voient le jour. On raconte que les jardins, alors interdits d'accès à la police, étaient le théâtre de toutes sortes d'extravagances et de débordements : on pouvait y apercevoir des jeunes femmes très légèrement vêtues, ou encore Joséphine de Beauharnais en compagnie galante.

Le Café des Chartres, qui occupe la largeur du péristyle de Joinville, est racheté en 1820 par Jean Véfour qui va lui donner son nom. Il devient alors un haut lieu de la gastronomie parisienne dans lequel Thiers, Mac-Mahon, Victor Hugo, Lamartine, Georges Sand, Chopin et bien d'autres vont se retrouver.

Fermé en 1905, *Le Grand Véfour* reprend vie en 1948, accueillant désormais artistes et écrivains, tels que Cocteau, à qui l'on doit le dessin du menu, Colette, Sacha Guitry Jean-Paul Sartre et Simone de Beauvoir...

Repris par le groupe *Taittinger* au début des année 80, le restaurant est redevenu, sous la houlette de Guy Martin, une adresse gastronomique incontournable. On peut toujours y contempler les boiseries sculptées de guirlandes Louis XVI, tandis qu'on retrouve, sur les murs et séparées par de larges glaces, de rares et magnifiques toiles peintes fixées sous verre inspirées de fresques pompéiennes. Celles-ci, dont le but étaient probablement d'éveiller la gourmandise des convives, offrent de savoureux décors de plantes, de gibiers, poissons, mais également de femmes portant des paniers fleuris Au plafond, rosaces et guirlandes en stuc entourent des odes à la femmes, dans le style des plafonds italiens du XVIIIe.

TOPINAMBOURS À LA DARPHIN

Ingrédients

pour 4 personnes

600 g de topinambours
4 figues sèches
150 g de beurre
1 cuillerée à soupe de fécule de pomme de terre
Sel, poivre du moulin
Fleur de sel

Progression

Clarifier le beurre : faire fondre le beurre à feu très doux jusqu'à ce qu'il devienne translucide et qu'un résidu blanchâtre se dépose au fond de la casserole. Retirer celle-ci du feu et, à l'aide d'une petite louche ou d'une cuillère, récupérer la partie limpide.
Éplucher les topinambours. Les râper en fine julienne, les rouler dans le beurre clarifié, puis dans la fécule. Saler et poivrer.
Couper les figues en 5 ou 6 tranches.
Prendre 4 poêles antiadhésives de 12 cm de diamètre. Tapisser le fond avec la moitié des topinambours. Poser une couche de figues, puis couvrir avec le reste des topinambours.
Poser les poêles sur un feu doux et faire cuire pendant 10 mn jusqu'à coloration, puis retourner avec une spatule et faire cuire l'autre côté pendant également 10 mn.
Égoutter sur du papier absorbant et servir avec quelques grains de fleur de sel.

1, Place du Châtelet
75001 Paris
tel : 01.42.36.74.03

LE ZIMMER

Au tournant du siècle, Monsieur Zimmer crée l'une des plus belles brasseries parisiennes, juste à côté du théâtre du Châtelet dont elle devient l'antichambre.

Comme nombre de ses confrères alsaciens – Bofinger, Floderer, Zeyer, Wepler –, Zimmer débarque à Paris au lendemain de la guerre de 1870, son Alsace natale dans les valises. L'équation « bière et stucs » fait recette à l'époque, Zimmer ouvre donc en 1896 une des brasseries les plus flamboyantes de Paris. S'étendant sur quatre niveaux, elle jouxte le théâtre du Châtelet avec lequel elle communique par un étonnant réseau de portes au rez-de-chaussée et aux étages...

Il n'en faut pas davantage pour faire de l'endroit le repaire du Paris des Arts. Musiciens, écrivains, peintres et acteurs se retrouvent dans la grande salle du restaurant – pouvant accueillir jusqu'à cent-cinquante convives – ou dans les petits salons privés des étages.

On peut alors y croiser Jules Verne, saluant avec distinction Sarah Bernhardt et sa cohorte d'admirateurs. Mahler, Debussy et Strauss viennent y discuter Wagner ou dodécaphonie. La danse et les ballets russes sont également bien représentés, avec Nijinski et Diaghilev « paradant » sous l'oeil amusé de Picasso ou d'Apollinaire. L'affluence est telle qu'un véritable petit village – chasseurs, essuyeurs, limonadiers, couteliers, cavistes et même pompiers – est nécessaire pour répondre aux nombreux besoins de cette foule distinguée.

Quel chemin depuis le temps où *Le Courrier Français* rassure, en 1898, les parisiens sur le patriotisme de l'endroit tout juste créé et qui peine à se remplir... Durant la seconde guerre mondiale, le réseau de résistants « Honneur de la Police » y tient d'ailleurs nombre de ses réunions dans les vastes sous-sols de l'établissement, permettant ainsi à quelques heureuses familles d'échapper aux rafles antisémites.

Les propriétaires ont demandé il y a quelques années à Jacques Garcia, le célèbre décorateur parisien, de redonner un peu de son lustre d'antan à cet endroit somnolant. Celui-ci a réussi à ressusciter moulures, dorures et plafonds peints, tout en insufflant une chaleureuse modernité à l'établissement, lui donnant sa configuration actuelle.

Perpétuant la tradition, *Le Zimmer* organise aujourd'hui encore des évènements littéraires dans son grand salon.

LOTTE AUX POIVRONS ET À LA TAPENADE

Ingrédients

pour 4 personnes

8 morceaux de lotte de 80 g environ
6 cuillères à soupe de crème liquide
30 g de tapenade
2 poivrons verts, 2 poivrons rouges, 2 poivrons jaunes pelés et égrainés
4 cuillères à soupe d'huile d'olive
Fleur de sel, sel et poivre

Progression

Dans une casserole, porter la crème à ébullition, ajouter la tapenade, bien mélanger et arrêter juste avant la reprise de l'ébullition. Assaisonner et réserver hors du feu.
Découper les poivrons en lanières, les faire chauffer dans une cocotte avec de l'huile d'olive, assaisonner et faire revenir 5 mn à feu doux en remuant et en les gardant croquants. Réserver.
Couper la lotte en tranches de 2 cm, la déposer dans une poêle très chaude avec de l'huile d'olive, faire saisir les tranches 2-3 mn de chaque côté pour qu'elles soient opaques à cœur. Assaisonner et réserver.
Au moment de dresser, réchauffer la sauce à feu très doux 2 mn, puis disposer les poivrons sur chaque assiette, poser les médaillons dessus et napper de sauce.

*32, rue Saint-Marc
75002 Paris
tel : 01.42.96.65.04*

AUX LYONNAIS

Une chaleureuse façade de bois peint abrite, à quelques pas de l'Opéra Comique, un bistrot aux accents lyonnais tout droit sorti du siècle passé.

C'est peu après le célèbre incendie de 1887 où la salle Favart fut ravagée par les flammes, qu'un petit café ouvrit ses portes au 32 de la rue Saint-Marc. Les ouvriers chargés de la reconstruction de l'Opéra viennent alors y faire leur pause ; ils seront remplacés en 1898, alors que le chantier s'achève, par les chauffeurs attendant patiemment leur maître le temps d'un concert dans la salle voisine.

Ce n'est qu'en 1955 que le bistrot est repris par un certain M. Viollet qui donne alors son nom actuel à l'établissement et le transforme en temple de la cuisine lyonnaise. Les fritons, tabliers de sapeur, poulardes demi-deuil, quenelles de brochet sauce Nantua sont alors servis en grand nombre à une clientèle parisienne séduite par la générosité de l'assiette autant que par la convivialité du décor.

Il est vrai que le petit bistrot ne manque pas de charme : l'aménagement intérieur, de même que la façade, datent de l'ouverture du café et sont indémodables. Des boiseries de couleur crème surmontées de guirlandes de fleurs recouvrent les murs tandis que des faïences de style métropolitain courent sur la partie basse. On y trouve également un jeu de compositions de Jean-Claude Novaro, célèbre verrier de Biot, se reflétant dans les glaces biseautées des deux étages.

La « nouvelle cuisine » qui émerge dans les années 70 va progressivement faire basculer ce bistrot du terroir dans l'oubli, avant qu'il ne soit réveillé en 2002 par Alain Ducasse et Thierry de la Brosse, le propriétaire de *L'Ami Louis*. Sous leur impulsion, les faïences sont alors restaurées tandis qu'on installe au rez-de-chaussée un grand comptoir en bois recouvert de zinc et d'étain sur lequel trône une ancienne machine à café à piston.

Les convives peuvent à nouveau y déguster, sur des tables en chêne patiné, quelques-uns des grands classiques de la cuisine lyonnaise.

VOLAILLE DE BRESSE
déglacée au vinaigre de vin vieux

Ingrédients

pour 4 personnes

1 volaille de Bresse d'1,5 kg environ (vidée par le boucher)
125 g de beurre
10 cl de vinaigre de vin vieux
20 cl de fond blanc de volaille
10 cl de jus de poulet
50 cl de crème liquide
Sel, poivre du moulin

Progression

Découper la volaille en 4 beaux morceaux. Les faire colorer sur toutes leurs faces dans une sauteuse avec le beurre pendant quelques minutes. Assaisonner, puis déglacer avec le vinaigre de vin vieux. Ajouter ensuite le fond blanc.
Placer le tout dans une cocotte, et faire cuire pendant 20-25 mn environ dans une four préchauffé à 100 °C. Vérifier la cuisson, puis réserver les morceaux de volaille.
Faire réduire le jus de cuisson pratiquement à sec, puis y ajouter la crème liquide et le jus de poulet. Faire réduire à nouveau jusqu'à ce que la sauce ait une consistance bien épaisse.
Dresser les volailles nappées de la sauce.

Servir éventuellement avec un gâteau de foies blonds chaud.

*Place Gaillon
75002 Paris
tel : 01.47.42.63.22*

LA FONTAINE GAILLON

C'est dans un prestigieux hôtel particulier de la Place Gaillon, à quelques pas de l'Opéra, que deux célèbres acteurs du cinéma français ont ouvert en 2003 une adresse de charme.

En 1672, le Sieur Nicolas Frémont, gardien du Palais Royal, fait appel au célèbre architecte Jules Hardouin-Mansart, à qui l'on doit une partie du château de Versailles, pour la construction de son hôtel particulier jouxtant la porte Gaillon, qui marquait alors la limite du Paris de Louis XIV. Son gendre le duc de Lorge, dont la fille aînée épousera le duc de Saint-Simon, fait démolir la porte quelques années plus tard afin de faire agrandir sa demeure. En 1707, une première fontaine, appelée Louis le Grand, voit le jour sur la façade de l'hôtel. Édifiée par Jean de Beausire, elle sera remise au goût du jour un siècle plus tard par Visconti, auteur du tombeau de l'empereur Napoléon Ier. De distingués propriétaires, comme la princesse de Bourbon-Conti, le duc de Richelieu ou un ambassadeur d'Espagne se succèdent dans la demeure qui se transforme en restaurant dans la seconde moitié du XXe siècle.

L'établissement, appelé *Pierre à la fontaine Gaillon*, a été repris il y a quatre ans par Gérard Depardieu et Carole Bouquet qui l'ont rénové tout en préservant de nombreux éléments d'origine. La fontaine d'Antin orne toujours la belle façade, et l'on trouve encore d'imposantes cheminées en pierre dans les salons.

Férus d'art, les maîtres des lieux ont habillé les espaces de nombreuses œuvres : un petit salon est dédié, au premier étage, à Jean Cocteau, tandis que des lithographies d'André Masson, des textes de René Char ou des œuvres plus contemporaines ornent les quatre autres salons particuliers ou les salles du rez-de-chaussée.

C'est dans ce cadre oscillant entre le classicisme et la modernité, ou sur la grande terrasse ombragée, que les convives peuvent savourer la généreuse cuisine de terroir du chef Laurent Audiot.

COCHON DE LAIT FARÇI AUX HERBES
cuit à la broche

Ingrédients
pour 4 personnes

1 petit cochon de lait entier de 5 semaines maximum
100 g de beurre demi-sel
1 gros bouquet de persil plat
1 bouquet d'estragon
1 bouquet de ciboulette
1 bouquet de cerfeuil
3 branches de thym
2 feuilles de laurier
1 pincée de piment d'Espelette
Sel, poivre
1 cuillère à soupe de cognac

Progression

Laver les herbes, les sécher dans du papier absorbant, les ciseler grossièrement, émietter le thym et le laurier. Préparer la farce : faire fondre le beurre dans une casserole, y ajouter toutes les herbes ainsi que le foie du cochon de lait. Saler, poivrer. Ajouter éventuellement une cuillerée à soupe de cognac et le piment d'Espelette. bien mélanger et former une belle farce. Remplir l'intérieur du cochon de cette farce, le refermer, coudre les parois de l'abdomen avec de la ficelle, bien fermer tous les orifices de l'animal. Sur une broche ou dans une grande rôtissoire, l'embrocher et fixer les pattes vers le corps avec des petites piques en bois. Faire tourner le cochon sur le tourne-broche devant les braises bien rougeoyantes, arroser la bête avec de l'eau salée chaude pendant la cuisson - comptez environ 30 mn par livre.
Lorsque le cochon de lait est cuit à point, arrêter la cuisson et le retirer de la broche. Le découper en belles tranches et le servir avec la farce qui est à l'intérieur. Récupérer un peu de jus de cuisson et le verser sur les tranches de viande.

40, rue Notre-Dame des Victoires
75002 Paris
tel 01 43 54 12 12

GALLOPIN

Le premier *anglo-american bar* de Paris... Gustave Gallopin, prospère détaillant de bière, se laisse doucement bercer par cette idée lors d'un voyage à New-York, au tournant du XIXe siècle.

Tout commence en 1876 lorsque Gallopin signe le bail d'une boutique au 40 rue Notre-Dame-des-Victoires, en face du Palais Brongniart. Le commerce de la bière au débit marche bien, Gallopin sert en abondance commis de bourse et gens du théâtre. L'homme prospère rapidement, s'étend et récupère les deux boutiques jouxtant le 40. La rencontre et le mariage avec une anglaise aisée l'amènent par ailleurs à voyager fréquemment et à découvrir le *lifestyle* Outre-Manche et Outre-Atlantique. Gallopin se laisse séduire par cette nouvelle forme de raffinement, tout autant « exotique » que conviviale, et commence à entr'apercevoir le succès commercial d'une telle aventure auprès du public parisien. Faire boire de la bière tout en repensant le cadre, faire voyager, faire rêver...

Le 40 rue Notre-Dame-des-Victoires symbolisera donc le mariage réussi entre l'Angleterre victorienne, le New-York fin de siècle et le Paris haussmannien de la Bourse : Gallopin y crée *Le Grand Bar* en faisant venir une impressionnante porte tournante de New York (déposée depuis, pour des raisons de sécurité), tandis que le bar et les boiseries victoriennes, en bel acajou de Cuba, sont acheminés de Londres. L'ensemble, sobre, imposant, massif, est ponctué de cuivres dorés venant rythmer horizontalement la grande salle, alors que les chopes de bière en métal argenté – en l'occurrence les galopins, nouvelle unité de mesure inventée par le propriétaire pour créer une « pinte » française de 25 ml – s'alignent joyeusement derrière le comptoir. Les boiseries d'acajou sont rehaussées de pilastres ioniques dorés et les murs ornés de grandes glaces en anse de panier. Poursuivant son expansion, Gustave Gallopin louera quelques années plus tard une partie de la cour intérieure pour célébrer le nouveau siècle et faire réaliser un vitrail et une élégante verrière Art nouveau.

Changement de propriétaire en 1906 avec Camille Aymonier qui agrandit l'établissement : on trouve les patrons au *Grand Bar* tandis que les fondés de pouvoir se délectent au *Petit*, les commis se contentant du *42*.

Quatre familles se sont succédé par la suite, mais il faudra attendre 1997 pour que Gallopin soit entièrement restauré par Monsieur et Madame Alexandre, actuels propriétaires des lieux. Hommes de théâtre, acteurs et journalistes viennent depuis y savourer une véritable cuisine de brasserie arrosée de bons champagnes...

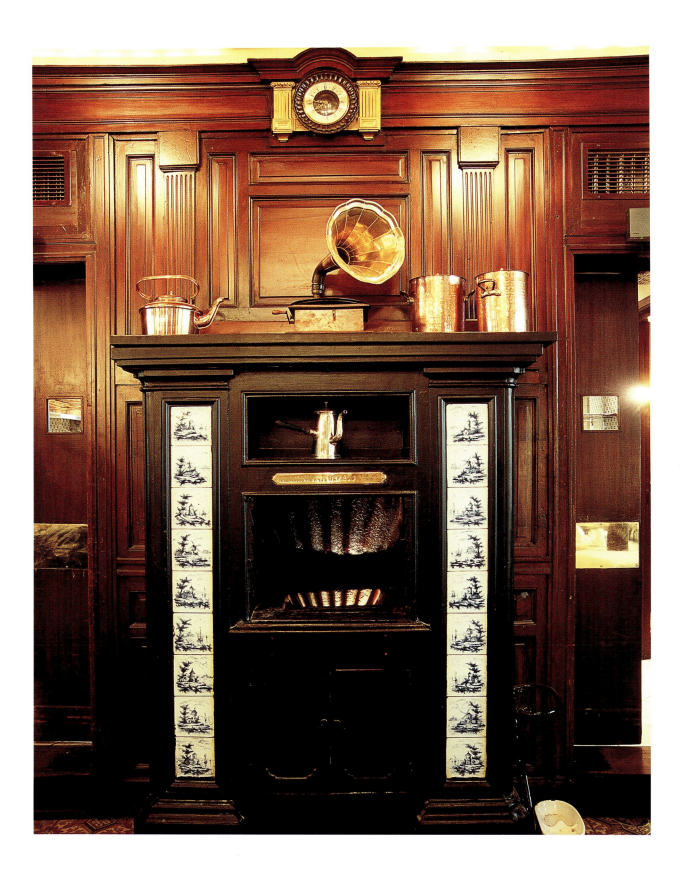

CRÊPES «ALEXANDRE»

Ingrédients

pour 1 personne

5 g de sucre
1 noisette de beurre
1 orange
1 citron
3 crêpes
2 cl de Grand Marnier rouge
2 cl de Cointreau

Progression

Faire macérer les écorces d'orange et de citron dans le Cointreau et le Grand Marnier rouge durant 24 h.
Faire chauffer le sucre dans la poêle, y jeter des zestes d'orange et de citron pelés à vif. Couper une orange en deux, presser cette orange directement dans la poêle.
Presser la moitié du citron, et bien détacher l'ensemble des éléments dans la poêle, en la frottant avec le citron au bout de la fourchette.
Porter à ébullition et laisser réduire 10 secondes.
Baigner les crêpes dans cette préparation et les plier en triangle, puis rajouter les deux alcools.
Faire flamber en saupoudrant de sucre afin de faire caraméliser les crêpes.
Dresser les crêpes sur une assiette chaude en les ouvrant légèrement. Napper de sauce jusqu'au cœur des crêpes.

4, rue Vivienne
75002 Paris
tel : 01.42.86.87.88

LE GRAND COLBERT

S'élevant à la place de l'ancien hôtel particulier du célèbre ministre de Louis XIV, qui fut bien connu pour son fin palais, cette élégante brasserie a traversé les âges et nourri avec allégresse le Paris des théâtres, des lettres... et de l'ancienne Bibliothèque Nationale de France, propriétaire des murs, qui est d'ailleurs à l'initiative de la restauration qui a permis à l'établissement, en 1985, de retrouver son lustre d'antan.

Les majestueux volumes – hauts plafonds, étonnante profondeur – saisissent ici d'emblée, soulignés par un long et beau bar en vieux bois ceinturé d'une bande de cuivre doré.

Des fresques peintes à la main se répandent le long des murs, mélangeant motifs floraux et médaillons à la gloire des arts de la table, à la manière des décors polychromes du milieu du siècle dernier.

L'élément décoratif le plus marquant est sans aucun doute l'ensemble de superbes mosaïques colorées au sol, réalisées par G. Fachina, et que l'on retrouve à l'identique sur le sol de la Galerie Vivienne, située de l'autre côté de la Bibliothèque. De grandes spirales jaune doré viennent se lover autour d'arcs de cercle noirs, au centre desquels petits dés jaunes, blancs, rouges entourent de fières étoiles noires. Cette valse de petits carrés et de couleurs apporte une touche de frénésie supplémentaire à cet ensemble où de vastes lampadaires en bois sombre projettent leur douce lumière jaune-rouge sur une végétation exotique bigarrée.

Entre brouhaha et convivialité, cet étonnant espace reste aujourd'hui encore un lieu prisé par le monde du théâtre, du mannequinat ou encore du cinéma qui vient y déguster une cuisine traditionnelle.

FOIE DE VEAU POÊLÉ À L'ANGLAISE

Ingrédients

pour 4 personnes

4 tranches de foie de veau
4 fines tranches de lard
1 cuillère à soupe de vinaigre de vin vieux
1 petit bouquet de persil plat
20 g de beurre
Sel, poivre du moulin

Progression

Laver, équeuter et ciseler le persil.
Faire griller sans matière grasse dans une poêle bien chaude les tranches de lard afin de les rendre bien croustillantes, puis les réserver au chaud.
Retirer l'excédent de gras dans la poêle, puis ajouter le beurre et le faire mousser. Ajouter les tranches de foie et les faire poêler 3 mn de chaque côté. Les réserver au chaud et jeter l'excédent du gras de cuisson. Déglacer la poêle avec le vinaigre. Saler, poivre.
Dresser : disposer les tranches de foie dans les assiettes, ajouter des tranches de lard grillé, napper avec un cordon de vinaigre .

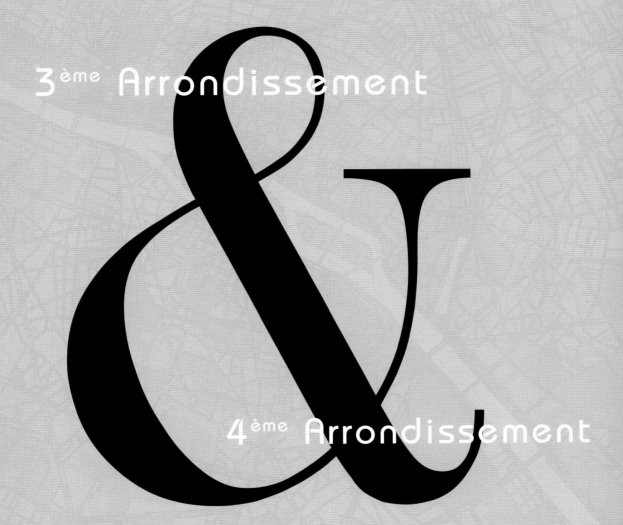

3ème Arrondissement & 4ème Arrondissement

*32, rue Vertbois
75002 Paris
tel : 01.48.87.77.48*

L'AMI LOUIS

Derrière les rideaux à carreaux rouges et blancs de la devanture, quelques stars américaines ou riches industriels sont attablés dans la petite salle rustique et sombre de *L'Ami Louis*.

Louis Pedebosque commence simplement pourtant. L'« Ami Louis », d'origine landaise, installe en 1924 son restaurant au numéro 32 de la rue Vertbois et s'associe sept ans plus tard au cuisinier Antoine Magnin, dont le savoir-faire entraîne le succès de l'endroit, fréquenté par une clientèle variée au mélange parfois cocasse.

Proche de l'École Centrale et du Conservatoire des Arts et Métiers, l'établissement fut le rendez-vous d'étudiants comme Marcel Dassault. Sacha Guitry, Yvonne Printemps et Pierre Brasseur vinrent s'y détendre après une représentation dans les théâtres des grands boulevards, tandis que les riches hôtes des maisons de plaisir du quartier y savouraient de délicieux entractes...

La seconde guerre mondiale a paradoxalement contribué à faire connaître *L'Ami Louis* à l'étranger. Base de l'armée américaine pendant le conflit, le Conservatoire des Arts et Métiers amène de nombreux soldats à fréquenter l'établissement. L'un d'eux, devenu rédacteur en chef d'un grand journal américain, écrit à son retour de nombreux articles sur le restaurant. Les américains en visite à Paris sont dès lors tenus de s'y arrêter. Le dîner de Bill Clinton et de Jacques Chirac qui y prend place lors d'une visite officielle est cependant lié à une autre histoire : Francis Ford Coppola, fidèle client de *L'Ami Louis*, demande un jour à toute l'équipe de cuisiner pour ses amis pendant ses vacances en France. Le groupe fait alors la connaissance de nombreuses personnalités, dont la famille Clinton séduite par la qualité et la simplicité des repas.

Décédé aux fourneaux – ou presque – en 1986, Antoine Magnin reste malgré tout présent dans le restaurant : deux photographies réalisées par Milos Forman, un habitué de longue date, du maître en habit de cuisinier, longue barbe blanche et yeux rieurs, sont aujourd'hui encore accrochées au mur.

Repris par un ancien collaborateur, l'atmosphère de *L'Ami Louis* n'a pas changé. Le décor est le même depuis l'origine : tomettes usées, murs et miroirs vieillis, tables en marbre, même les casseroles en cuivre de 1845 sont toujours en service. Quant aux pintades de Bresse rôties entières ou aux pantagruéliques entrecôtes, elles sont toujours cuites au four à bois. Seule la cave a été agrandie, il fallait bien trouver de la place pour les 19 000 bouteilles...

CÔTE DE BŒUF, CÈPES RÔTIS AU FOUR

Ingrédients

pour 2 personnes

800 g de côte de bœuf
2 cuillers à soupe de graisse d'oie
1 kg de cèpes
1 gousse d'ail
Gros sel
Sel de Guérande
Poivre
1/2 botte de persil
1/2 botte de basilic
30 g de beurre

Progression

Sortir la côte 1 h à température ambiante.
Étaler dessus un peu de graisse d'oie et de gros sel, puis la ferrer quelques mn au gril au feu de bois. La passer ensuite 20 mn au four à bois (ou 40 mn environ au four traditionnel à 200° C).
Passer par ailleurs les cèpes sous l'eau courante, les faire sécher sur un linge pendant 20 mn.
Mettre un peu d'huile dans un plat et y ajouter les cèpes entiers sans les couper. Mettre au four à bois 40 mn environ pour leur faire rendre leur eau (ou une bonne heure au four traditionnel). Ajouter ensuite l'ail écrasé à la paume de la main avec un peu de beurre.
Au dernier moment, ajouter le persil et le basilic ciselés, donner un bon coup de moulin à poivre.

49, rue Volta
75003 Paris
tel : 01.48.87.88.24

ANAHI

Le passant qui ne connaît pas *Anahi* passera probablement son chemin devant le 28 de la rue Volta, une des devantures commerciales les plus étonnantes et les plus abîmées de Paris. Mais si par hasard il franchit la porte, il se trouvera immanquablement conquis par le charme atypique de cette ancienne boucherie transformée en temple de la gastronomie hispanique.

C'est en 1928 que débute l'aventure, dans une petite rue du quartier du Sentier. Un charcutier décide d'y établir son commerce, à quelques pas de la place de la République. Séduit par le mouvement Art déco, il fait intégralement redécorer le rez-de-chaussée du vieil immeuble. Tapissant de carreaux blancs les murs de son commerce, il demande également à un certain M. Camus, dont on prétend qu'il pourrait être le frère de l'écrivain Albert, de réaliser un faux plafond à motifs géométriques, qui reste l'un des rares modèles du genre en France (ceux-ci ayant davantage été exécutés pendant l'Art nouveau). Pour préciser la nouvelle destination des lieux, le nouveau propriétaire fait enfin dessiner des vitraux, aux motifs animaliers, que l'on aperçoit aujourd'hui encore, invitant à venir savourer volailles et gibiers à l'intérieur du magasin.

Au lendemain de la guerre, le local est racheté par un négociant de textiles et devient alors un dépôt de jeans, avant d'être transformé plus tard en restaurant slave. Dans les années 70, ce sont une Argentine et un Chilien qui s'y installent, puis il est repris en 1985 par trois sœurs, dont deux sont aujourd'hui encore propriétaires. Il est alors rebaptisé *Anahi*, du nom d'une princesse bolivienne au destin tragique.

Ces dernières ont volontairement choisi de laisser les lieux tels qu'elles les avaient trouvés, y compris la devanture, dont les plaques de marbre 1930 étaient progressivement tombées à cause des allées et venues incessantes des camions du Sentier. Outre quelques rangées de bouteilles, seules trois photos en noir et blanc décorent les murs, tandis qu'un cactus a été posé derrière une des vitres.

Cette ambiance particulière, combinée à une cuisine d'inspiration espagnole ou sud-américaine simple mais savoureuse, séduit aussi bien le monde des artistes que celui des réalisateurs ou encore le milieu de la mode qui s'y donne rendez-vous lors des défilés.

MANCHAMANTELES

Ingrédients

pour 4 personnes

1 kg de palette de porc coupée en morceaux
2 cuillères à soupe de molé (chez Israël, Paris)
3 gousses d'ail émincées
1 piment parsilja
1 piment cascavel
1 piment mulato
1 poignée d'origan
10-12 abricots secs
1 poignée de pruneaux secs
2 courgettes
2 pommes vertes
Huile d'arachid

Progression

Dans une cocotte, faire dorer l'ail dans de l'huile d'arachide. Ajouter la viande, la faire dorer 5 mn.
Ajouter ensuite 1 poignée d'origan, puis passer à feu vif. Au bout de 5 mn, ajouter le molé, puis les 3 piments coupés et épépinés. Mouiller alors à la moitié du niveau, puis laisser cuire à feu doux 1h environ. À mi-cuisson de la viande, ajouter les abricots secs, puis, 5 mn plus tard, les pruneaux. Rajouter un peu d'eau si nécessaire. 5 à 10 mn avant la fin, ajouter les deux courgettes coupées en rondelles. Une fois les courgettes cuites, retirer du feu et ajouter 2 pommes vertes coupées en épaisses lamelles. Servir.

32, rue du Picardie
75003 Paris
tel : 01.44.54.20.60

GUILLAUME

Au début du siècle passé, un grand atelier d'orfèvre conçu par les *Ateliers Eiffel* voit le jour dans la rue de Picardie, à quelques pas du Carreau du Temple. Il connaît des fortunes diverses avant d'être repris par Guillaume, qui le transforme en 2005 en restaurant.

Le nouveau maître des lieux a voulu préserver l'identité industrielle de l'endroit et mettre en valeur ses volumes incroyables. Dans cet espace de 400m^2, on peut apprécier trois niveaux, répartis en un rez-de-chaussée et deux mezzanines situées sous l'immense verrière qui recouvre l'ensemble. Des travaux ont été nécessaires pour donner au lieu l'atmosphère feutrée et chaleureuse qui fait aujourd'hui son charme : tout en gardant les éléments datant de l'époque d'Eiffel, comme les poutres et le métal, les murs ont été sujets à des travaux d'insonorisation et les peintures ont été refaites. Tous les éléments de décoration ont été supervisés avec attention : Guillaume a passé de longues heures à chiner pour trouver des objets qui s'intègrent à ce cadre particulier. Il a ainsi découvert les abats jours blancs en métal à présent suspendus au-dessus de la table centrale, ainsi qu'une bonne partie des meubles qui sont disposés dans le restaurant.

L'agréable convivialité qui règne chez *Guillaume* n'est pas un vain concept, mais bien le résultat d'un travail mené par le propriétaire, qui a impliqué sa famille et ses amis dans la recherche des œuvres d'art exposées partout dans le restaurant. Quelques exemples charmants : sa mère lui a fourni des pochettes d'anciens albums de jazz pour les accrocher au mur, un de ses amis scénographe, Nicolas Henry, a conçu le patchwork qui est accroché au-dessus de la grande table, et ce même artiste a procédé à cette étonnante « explosion de pianos », que ne renierait pas Arman, qui est suspendue sous la verrière. On le voit, dans ce cadre industriel, Guillaume a su créer un laboratoire artistique, puisqu'il organise régulièrement des expositions, tout en proposant une cuisine raffinée s'inspirant de tous les pays. Cette implication du propriétaire et de son entourage donne à ce restaurant une personnalité et une chaleur sincères qui s'intègre à merveille dans ce cadre exceptionnel.

BABAS AU RHUM
ananas confit au gingembre, crème à la vanille

Ingrédients

pour 4 personnes

4 babas au rhum
Rhum
25 cl de crème liquide
3 g de vanille en poudre
1 ananas Victoria
50 cl d'eau
250 g de sucre
20 g de gingembre

Progression

Tailler l'ananas en petits dés après l'avoir épluché, le disposer dans une casserole avec l'eau, le sucre, puis le gingembre ciselé. Laisser cuire à feu doux jusqu'à ce que le liquide soit confituré.
Mettre la crème et la vanille dans un récipient, les monter en chantilly et ajouter le sucre glace tout en fouettant énergiquement.
Disposer dans une assiette creuse l'ananas confit et son sirop, placer dessus le baba au rhum, ajouter délicatement en son centre deux cuillères de crème chantilly. Décorer avec une feuille d'ananas.

*20, rue Saint-Martin
75004 Paris
tel : 01.42.72.25.76*

BENOÎT

« Toujours savoir limiter ses ambitions, sans être gourmand, pour ne pas perdre son âme »... Le petit fils du fondateur de ce restaurant familial a fait sienne cette sage devise, préservant ainsi depuis près de trente ans l'esprit de ce lieu plein de chaleur.

Lorsque Benoît Matray arrive à Paris en 1904, il n'est pourtant nullement question de restauration pour ce jeune boucher de dix-huit ans, mais d'une simple visite à un oncle tenant un restaurant dans le quartier des Halles. Le coup de foudre avec Paris et son ambiance est immédiat. Le jeune Benoît abandonne alors son Lyon natal pour aller aiguiser ses couteaux dans le restaurant familial et apprendre le métier, jusqu'à ce qu'il réunisse suffisamment d'argent pour ouvrir en 1912 sa propre affaire, à quelques pas de là.

Le 20 de la rue Saint-Martin accueille dès lors midis et soirs, dans une franche ambiance de gouaille, une partie de la foule drainée par l'imposant marché des Halles. Bouchers, charcutiers, maraîchers et clients de tous genres se retrouvent chez Benoît qui y sert en bon boucher une cuisine à base de rognons, tripes, langues ou cœurs. Les portions sont généreuses, l'ambiance bonne, l'affaire prospère donc gentiment, comme la réputation, tant et si bien qu'en 1932 le restaurant obtient les honneurs du *Guide Escoffier*. Bon nombre de journalistes et d'hommes politiques y ont alors leurs habitudes, ainsi qu'une réelle complicité avec le patron des lieux dont le poids avoisine désormais les cent-cinquante kilos.

Le petit-fils reprend le flambeau en 1968 et obtient une étoile au *Michelin* en 1970 tout en s'efforçant de préserver l'atmosphère de gouaille bourgeoise : on accède encore à la grande salle par une belle porte à double battant en bois sombre. Là, de vieilles affiches à l'humour désuet ornent des murs crème discrètement relevés par quelques veines de faux marbre, les volumes de la pièce étant rythmés et démultipliés par un jeu de cuivres et de miroirs. Le discret salon particulier du premier étage peut accueillir, avec son beau plafond peint, ses vieux portraits et sa grande table, une douzaine de clients qui souhaitent tout autant de convivialité mais davantage d'intimité...

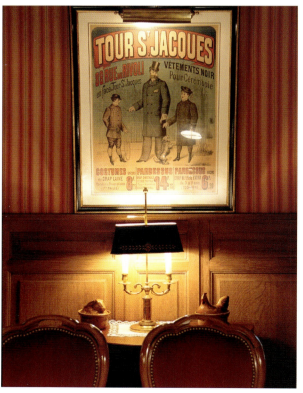

TOURTE DE RAIE EN GELÉE

Ingrédients

pour 8 personnes

5 kg de raie brute (1.7 kg net levé)
15 feuilles de gélatine
20 feuilles de menthe fraîche
300 g de tomates fraîches
50 g d'échalotes hachées
5 feuilles d'épinard frais émincées

Pour le court bouillon :
750 g oignons
3 gousses d'ail
750 g de carottes
1 bouquet garni
2 bouteilles de vin blanc sec
1/4 l de vinaigre

Progression

Faire bouillir le vin blanc, le flamber. Ajouter les carottes en dés, oignons en rondelles, ail, bouquet. Cuire à couvert doucement. Ajouter le vinaigre, les tomates épépinées, sel et poivre. Réduire jusqu'à obtenir 1,25 l. Ajouter la gélatine et les 20 feuilles de menthe.
Pocher la raie levée, sans bouillir. Disposer la tourte de raie dans un moule en alternant les couches de raie et celles de légumes de la nage. Recouvrir le tout du liquide de la nage. Laisser refroidir, la tourte de raie prendra en gelée.
Servir en quartiers, arrosés d'une vinaigrette parsemée d'un hachis d'échalotes, feuilles de menthe et épinards.

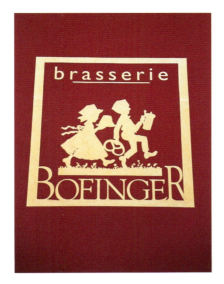

5-7, rue de la Bastille
75004 Paris
tel : 01.42.72.87.82

BOFINGER

Peut-être l'une des premières grandes brasseries alsaciennes à voir le jour à Paris, *Bofinger* est sûrement la plus impressionnante et la plus réussie. Le petit établissement créé par Frédéric Bofinger en 1864 n'a pourtant rien de luxueux à ses débuts : on y vend alors de la charcuterie et de la choucroute accompagnant de la bière servie au fût – une grande nouveauté – dans un cadre convivial mais simple, à la manière des *weinstubs* alsaciens. Le concept fait rapidement mouche et dès lors le 5 rue de la Bastille devient un des lieux à fréquenter de la capitale.

L'affaire s'agrandit sensiblement grâce au gendre du fondateur, Albert Bruneau, qui reprend les rênes en 1906, rachète la grande salle et aménage l'étage. Il faut néanmoins attendre le lendemain de la guerre, en 1919, pour que les grands travaux donnant à *Bofinger* sa configuration actuelle soit entrepris : l'architecte Lagay et le décorateur Mitgen s'attaquent alors à la réalisation de la grande coupole à motifs floraux, tandis que l'on réaménage une partie du premier étage, aujourd'hui appelée « Salle des cinq continents ». Les clients se pressent dorénavant pour dîner sous l'éclairage envoûtant des longues grappes de fleurs bleues s'élançant sur le verre azur de la coupole, que seuls une lisière de raisins, feuilles et fleurs variées vient freiner.

La décoration du reste du rez-de-chaussée et de l'étage est comme un cri d'amour – dont la mélodie est co-signée par les plus grands noms alsaciens – à la région perdue : le grand Hansi délaisse temporairement ses caricatures et livres illustrés pour réaliser, à l'approche de l'exposition coloniale de 1933, les fresques de la grande salle du premier étage, marouflées depuis. kouglof, bretzel, cigognes et coccinelles habillent dorénavant les murs en bois patiné du célèbre établissement.

Si *Bofinger* fait le bonheur des alsaciens en exil, l'endroit devient un lieu de passage obligé pour toute la classe politique qui s'y retrouve aux côtés de tout ce que Paris compte d'acteurs et d'artistes, tant et si bien qu'il serait vain de vouloir recenser ses illustres occupants, venus par ailleurs des quatre coins du monde. On murmure que certains gouvernements y seraient tombés après une choucroute trop arrosée, que de grandes idylles s'y seraient nouées...

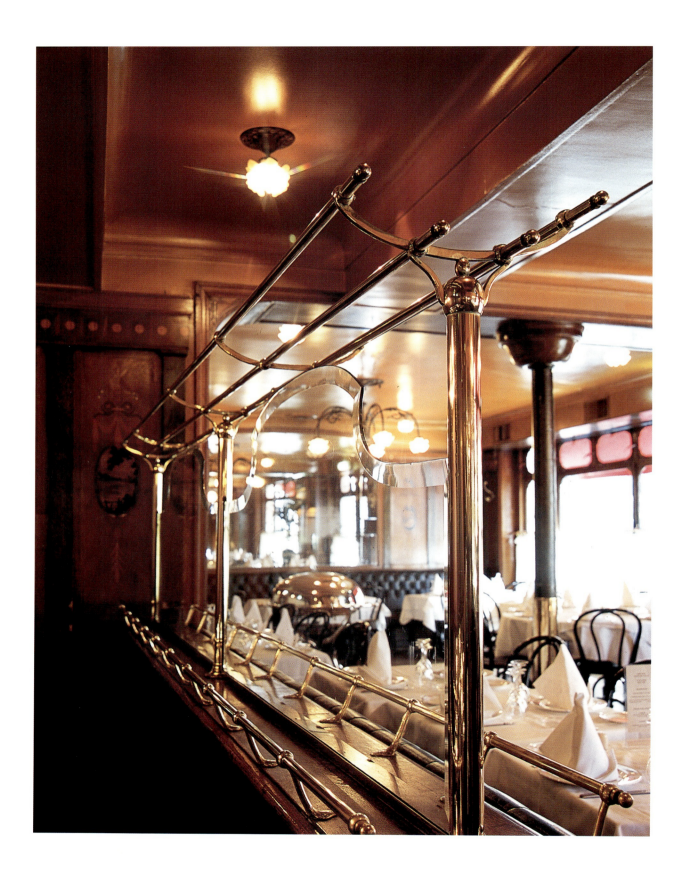

PAIN PERDU DE KOUGLOF
marmelade de quetsches, glace caramel

Ingrédients

pour 4 personnes

1 kouglof de 500 g (ou une brioche au raisin) rassi de la veille
200 g de quetsches au sirop
25 cl de glace caramel
25 cl de crème anglaise
1 botte de menthe fraîche
4 œufs
70 cl de lait
100 g de sucre
100 g de beurre
1 verre de marc de Gewurtz

Progression

Couper le kouglof en tranches épaisses.
Mélanger à froid d'abord les œufs et le sucre, et rajouter le lait en mêlant le tout. Tremper les tranches dans ce mélange et les poêler dans du beurre.
Faire sauter les quetsches avec le marc de Gewurtz, les sucrer et les flamber avec un alcool blanc.
Au moment du dessert, verser la crème anglaise au fond de chaque assiette. Disposer les quetsches en quenelle. Placer les tranches de kouglof en éventail et la boule de glace caramel à côté des quetsches. Finir avec 3 feuilles de menthe.

*53 bis, rue des Francs-Bourgeois
75004 Paris
tel : 01.42.74.54.17*

LE DÔME DU MARAIS

Derrière la très classique façade du 53 bis rue des Francs-Bourgeois se cache un décor insoupçonnable. Au bout d'un couloir en pierre, une large porte vitrée « rouge-cirque » ouvrant sur une lumineuse cour pavée ponctuée de verdure et surmontée d'une verrière permet d'accéder à une immense tour circulaire coiffée d'une coupole en verre gravé.

Acquis à la fin du XVIIIe siècle alors que les monts-de-piété récemment introduits en France par Louis XVI connaissent un franc succès, cet immeuble situé dans l'ancienne rue de Paradis est rénové par l'architecte Charles-François Viel de Saint-Maux. Inspirée de la Halle aux blés, de la Bourse du commerce et de la Rotonde de la Villette, la salle principale – une tour circulaire surmontée d'une coupole en pierre dure et fine, ajourée en son centre – est conçue pour être le temple de l'échange.

Après avoir été métallique, la coupole est à nouveau remplacée à l'époque d'Eiffel par un dôme en verre gravé. L'exiguïté des lieux entraîne l'arrêt des activités du mont-de-piété en 1930, la tour est alors laissée à l'abandon.

Transformé en restaurant en 1981, l'ensemble est ressuscité sous la houlette de Roger Bénévant qui imagine un décor réalisé par un élève de Viollet-le-Duc de retour d'un voyage à Pompéi : soubassement et moulures du dôme sont peints en rouge tandis que des bandeaux dorés à la feuille et subtilement vieillis ornent les bords de la galerie circulaire et des niches. Les éléments décoratifs ajoutés ont été calculés de façon à créer un ensemble géométrique fondé sur les rapports du nombre d'or, la sculpture centrale étant le pivot sur lequel s'articule cette architecture nouvelle.

À son arrivée en 1998, Pierre Lecoutre entreprend, en accord avec Roger Bénévant, de raviver les couleurs de l'endroit rebaptisé *Le Dôme du Marais*, et fait de la charmante cour attenante une seconde salle, y installant une verrière. Habitués et curieux peuvent ainsi dîner sous le soleil ou au clair de lune hiver comme été.

NAGE DE PÊCHES AU TILLEUL DE CARPENTRAS
sorbet de groseilles

Ingrédients
pour 10 personnes

3 kg de pêches blanches
50 g de tilleul
1/4 de gousse de vanille
2 zestes de citrons
200 g de sucre
2 l d'eau
6 oranges
1 kg de purée de groseilles
250 g de sucre glace

Progression

Inciser et blanchir les pêches blanches pendant 12 secondes, les peler et les couper en quartiers.
Pour le sirop, faire bouillir l'eau, le sucre, les zestes de citron, la vanille et le jus des oranges. à ébullition, ajouter le tilleul et laisser infuser pendant 20 mn. Passer ensuite au chinois, cuire les pêches à feu doux dans leur sirop pendant 5 mn, et réserver au frais.
Pour le sorbet, mélanger la purée de groseilles et le sucre glace.
Cristalliser les feuilles de tilleul.
Dresser dans des assiettes creuses 6 quartiers de pêche, les arroser du jus de cuisson. Ajouter à côté 3 grappes de groseilles, une boule de sorbet au milieu, avec quelques feuilles de tilleul cristallisées au sommet.

19, rue Beaubourg
75004 Paris
tel : 01.44.78.47.99

GEORGES

Jouissant de l'une des plus belles vues de Paris, *Georges*, situé au sommet du Centre Pompidou, est également l'une des réalisations architecturales les plus enthousiasmantes de ces dix dernières années.

C'est au cours de la réalisation des travaux de réhabilitation du Centre Pompidou, qui se sont achevés en 2000, que l'ouverture d'un restaurant a été décidée au sommet du Musée national d'art moderne. L'enjeu, de taille, consistait à introduire une nouvelle architecture au sein de la réalisation de Renzo Piano et de Richard Rogers. Les Frères Costes, qui ont obtenu la concession, ont à cette occasion fait appel au cabinet Jakob et MacFarlane pour créer un lieu qui, tout en ayant sa propre personnalité, se fonde dans une architecture si spécifique sans la dénaturer.

Le duo d'architectes a tenu à préserver l'espace singulier de Beaubourg tout en y exprimant son propre style. Sans toucher aux parois, ils ont développé à l'intérieur de l'espace imparti tout un répertoire de formes libres en aluminium qui s'échappent du sol, et font penser à des organes vivants se propageant à l'intérieur du bâtiment, répondant à leur manière aux célèbres tuyauteries courant le long des plafonds et sur les façades. Les quatre couleurs - bleu, rouge, jaune et vert - utilisées par les architectes du Centre, et symbolisant l'air, les fluides, les gaines électriques et les circulations ont été reprises par Jakob et MacFarlane à l'intérieur des formes.

Disséminées dans ces étranges organes ou à leurs côtés, des tables et des chaises au design épuré et linéaire, qui contrastent avec les courbes se développant dans le restaurant, reçoivent les convives dans la grande salle ou sur la terrasse. Dans une ambiance sophistiquée, les convives peuvent y déguster une cuisine de brasserie pimentée de quelques plats asiatiques en contemplant la foule se pressant au pied de Beaubourg ou Notre Dame.

LE TIGRE QUI PLEURE

Ingrédients

pour 4 personnes

4 faux-filets de 200 g
Pour la marinade : 3 cuillères à soupe de sauce d'huîtres
1 cuillère à soupe de sauce de soja
1 cuillère à soupe de pâte de crevettes pimentée
1 cuillère à soupe de cognac
1 cuillère à soupe d'ail bien écrasé
3 cuillères à soupe d'huile d'arachide
1 cuillère à café de poivre noir moulu
Pour la sauce : 3 cuillères à soupe de jus de citron vert
1 cuillère à café de sauce nuoc-mâm
1 cuillère à café de sucre semoule
1 cuillère à café de riz gluant grillé et réduit en poudre
1 échalote finement émincée
1 cuillère à soupe de coriandre
1 cuillère à soupe de ciboulette thaï

Progression

Préparer la marinade en mélangeant tous les ingrédients qui lui sont destinés. Laisser tremper les faux-filets dans cette marinade pendant 5 h minimum.
Préparer la sauce : mélanger la pâte de crevettes pimentée, le jus de citron vert, la sauce nuoc-mâm et le sucre semoule.
Au moment de servir, faire griller les faux-filets dans une poêle, de préférence en fonte (à la cocotte), brûlante. Adapter la cuisson à votre goût (c'est délicieux à point).
émincer ensuite la viande en très fines lamelles, arroser de sauce, et parsemer le tout de coriandre, de ciboulette et d'échalote. Accompagner de riz blanc ou riz sauté.

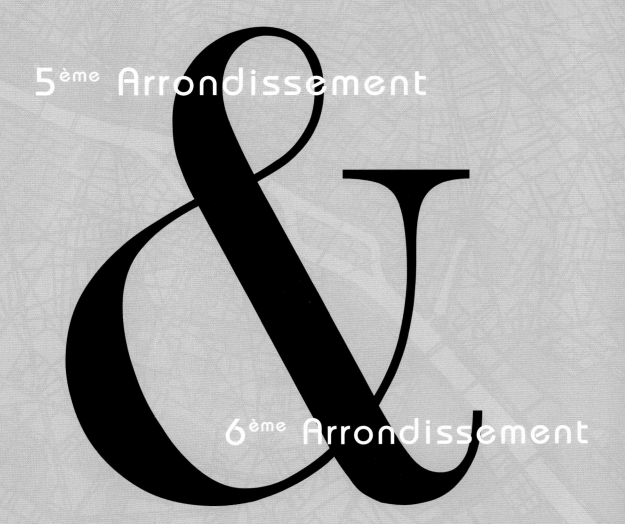

5ème Arrondissement & 6ème Arrondissement

*49, rue des écoles
75005 Paris
tel : 01.43.54.13.67*

BALZAR

À l'ombre du boulevard Saint-Michel, le Balzar offre depuis soixante-dix ans à une clientèle fidèle et avide de discrétion une vision sobre et élégante du style Art déco.

Le petit estaminet créé par Amédée Balzar – arrivé de Picardie au tournant du siècle pour servir de la bière en fût aux étudiants du quartier Latin – est repris en 1931 par Cazes, l'heureux propriétaire de la *Brasserie Lipp* que le Tout-Saint-Germain-des-Prés continue de faire prospérer.

Cazes demande à nouveau à son architecte, Madeleine, de moderniser et réaménager le café de la rue des Écoles. De beaux bois sombres et dépouillés se disputeront dorénavant les murs avec des miroirs donnant à la salle toute sa profondeur et son âme. L'orientation de ces derniers, disposés selon des angles d'inclinaison différents sur deux niveaux de hauteur, permet même aux plus curieux d'observer – avec la discrétion requise – ce qui se trame dans le reste de la brasserie...

La carte reste elle aussi fidèle aux principes de la maison mère, tant et si bien que le *Balzar* écope, de-ci de-là, du surnom de *Petit Lipp*. Nulle céramique de Fargue pourtant, mais une jeune nymphe dénudée et pétrifiée dans un bas relief de bois clair qui accueille les visiteurs, un grand sourire aux lèvres et deux chopes de bière bien remplies à la main. Une composition cubiste que Braque aurait pu signer occupe le mur de gauche, chevauchant deux miroirs, tandis qu'au fond repose gravement, dans le coin des habitués, l'affiche *Champions du Monde* mettant en scène le roman de Paul Morand publié chez *Grasset*.

La discrétion de l'endroit s'impose rapidement comme une échappatoire au brouhaha des brasseries des grands boulevards. On y croise entre autres Sartre et Simone de Beauvoir, ensemble ou séparés, de même que d'éminents universitaires sortis le temps d'un déjeuner de leurs amphithéâtres de la Sorbonne.

PROFITEROLES AU CHOCOLAT, SAUCE CHOCOLAT

Ingrédients

pour 4 personnes

25 cl de lait
100 g de beurre
200 g de farine
10 g de sel
20 g de sucre
5 œufs
75 cl de glace vanille

Pour la sauce chocolat :
25 cl de lait
10 cl de crème
250 g de chocolat à cuire
60 g de sucre
25 g de beurre

Progression

Faire chauffer le lait avec le sel, le sucre et le beurre. Tamiser la farine. Quand le lait bout, verser la farine en pluie et bien mélanger à la spatule en bois pour dessécher la pâte. Verser la pâte dans un bol et incorporer les œufs cassés un à un pour obtenir une pâte lisse et homogène. Dresser à la poche les choux sur une plaque avec une feuille de papier sulfurisé, dorer au jaune d'œuf et cuire 20 mn à 180 °, puis laisser les choux refroidir.
Porter le lait, la crème et le sucre à ébullition, ajouter le chocolat en morceaux et mélanger 1 mn, puis incorporer le beurre en fouettant.
Couper les choux en deux, les garnir d'une boule de glace. Dresser sur une assiette à température ambiante et napper de sauce au chocolat chaud.

3, rue Racine
75006 Paris
tel : 01.44.32.15.60

BOUILLON RACINE

Aménagé en 1906 – en même temps que le *Bouillon* du boulevard du Montparnasse – par l'architecte Jean-Marie Bouvier pour le compte de Camille Chartier, roi de la restauration populaire du début du siècle, l'établissement propose une recette simple aux travailleurs du quartier : un plat unique de viande assorti d'un bouillon, servis à même le marbre des tables dans la tradition des Bouillons de Pierre-Louis Duval.

Certainement inspiré par le fouillis végétal des lieux, le poète Raoul Ponchon est alors un habitué de ce deuxième Bouillon Art nouveau de la capitale. Miroirs biseautés cernés de lianes vert amande, opalines et vitraux ornés d'iris entremêlés à des branches de cerisiers, boiseries ciselées, aucun détail n'a été oublié. Des fleurs de verre émaillé sur la façade aux mosaïques du sol, des chaises aux dossiers en branches d'arbres jusqu'aux pieds des tabourets de bar, le décor du *Bouillon Racine* est entièrement consacré au monde végétal. Au rez-de-chaussée les petits panneaux en pâte de verre ornés de motifs floraux ont été réalisés par le maître verrier Louis Trézel, tandis que ceux de l'entresol sont signés Blancard et Laureau.

Situé à quelques pas de Saint-Germain-des-Prés, haut lieu de rencontres des artistes et écrivains du début du siècle, le restaurant voit sa clientèle se diversifier et devient le théâtre de nombreux événements. On y raconte que Simon Vassilievitch Petlioura, homme politique ukrainien exilé en France, qui tentait de soustraire son pays au pouvoir de l'armée rouge, aurait été assassiné un soir de 1926, en sortant du *Bouillon Racine*.

Changeant plusieurs fois de propriétaire, l'établissement est finalement vendu en 1956 à la Sorbonne. Transformé en restaurant du personnel, ce lieu au décor de conte de fée sombre dans l'oubli et la décrépitude. Il faut attendre 1986 pour que le *Bouillon Racine* retrouve sa splendeur d'antan, grâce au travail et au savoir-faire des Compagnons du Devoir.

84

SOURIS D'AGNEAU BRAISÉE À LA RÉGLISSE

Ingrédients

pour 4 personnes

4 pièces de souris d'agneau
2 gros oignons
2 gousses d'ail
1 cuiller à soupe de pâte de réglisse
ou 6 bâtons de réglisse
30 cl de vin blanc sec
600 g de carottes
1 branche de thym
2 feuilles de laurier
150 g de beurre
huile d'olive
sel, poivre
sucre

Progression

Colorer les souris sur toutes les faces dans une cocotte.
Ajouter les oignons émincés, laisser blondir, puis ajouter les gousses d'ail écrasées, la branche de thym, la feuille de laurier, la réglisse et enfin mouiller avec le vin blanc sec. Compléter avec de l'eau afin de couvrir les souris et saler légèrement.
Enfourner à 180°C et laisser cuire 1h30 à 2h.
Une fois cuite, la chair se détache facilement de l'os et se transperce aisément à la fourchette.
Décanter les souris (les séparer du jus de cuisson et de la garniture aromatique).
Passer le jus au chinois le faire réduire à glace, le monter au beurre (100 g).
Rectifier l'assaisonnement.

23, rue de Sèvres
75006 Paris
tel : 01.49.54.46.76

BRASSERIE LUTÉTIA

Voyage, haute couture et champagne se reflètent et se répondent dans les nombreux miroirs de cette vieille brasserie aux allures post-modernistes.

Une élégante se fige – cheveux tirés, sourcils finement dessinés, maquillage impeccable. Le col de son manteau noir masque le bas de son long visage, comme pour souligner une bouche sensuelle délicatement pincée. Enfermée derrière sa vitre de verre, isolée dans son petit cadre noir, elle pose calmement son regard envoûtant sur les clients de la salle, un grosse boule de lumière blanche se reflétant sur son front distingué, tout comme sur les autres réclames de mode ornant les murs des lieux.

Le Touquet, Deauville, Paris, les vieilles affiches colorées sont elles aussi comme une balade désuète dans cette Normandie élégante des années 30 et 40 où Jacques Fath, le jeune Dior et Schiaparelli habillent des femmes à l'allure folle déambulant nonchalamment le long des plages.

Il faut pourtant imaginer un endroit bien différent, tel qu'il a été envisagé par les créateurs de l'hôtel en 1910. Point de luxe au départ, sûrement du confort, mais de la viande surtout, et grillée de surcroît, ce qui est on ne peut plus normal dans une… rôtisserie. Poules fermières, cailles, pigeons, gibiers de saison cuisent alors sur les braises rougeoyantes tenues en éveil par les jeunes commis. Ici, on se régale, on boit, on s'égaie à coup de sauce grand veneur et de savoureux bourgognes.

Un peu de nostalgie et un besoin de répondre aux nouvelles attentes des clients pousseront les propriétaires de l'hôtel à repenser l'endroit et sa formule pour y réer une brasserie. Le décorateur Slavik pilotera donc l'opération aux côtés de Sonia Rykiel – qui s'emparera par ailleurs plus tard du *Paris*, l'élégant restaurant jouxtant la brasserie – lui donnant sa configuration actuelle. Les volailles et autres gibiers sont depuis remplacés par les produits de la mer – en témoigne l'aquarium bleu trônant à côté du grand bar carré.

FILET DE LAPIN À LA SARRIETTE
mitonne de fèves à la ventrèche

Ingrédients

pour 6 personnes

6 beaux râbles de lapin
100 g de beurre 1/2 sel
1 botte de sarriette
250 g de pissenlit
Poivre du moulin
Garniture : 1 botte d'oignons nouveaux
120 g de ventrèche
1,5 kg de fèves
Beurre : 100 g
1 grosse botte de carottes fane
Fleur de sel

Progression

Préparer la garniture : éplucher les légumes, garder les plus grosses carottes fanes pour les farcir, détailler les autres en sifflet. ébouillanter les fèves, retirer la peau blanche qui les enveloppe. Ciseler les oignons. Couper la ventrèche en lardon de la grandeur des fèves. Suer au beurre, ajouter les oignons, les carottes, laisser cuire doucement, ajouter en fin de cuisson les fèves avec du jus de lapin et quelques feuilles de sarriette, et un morceau de beurre. Cuire les carottes avec un peu d'eau, du sel et une noix de beurre à couvert. Nettoyer les pissenlits.

Préparer les lapins : lever les filets, prendre le reste pour réaliser le jus : colorer au beurre la carcasse, ajouter de l'eau froide à hauteur et cuire 20 mn doucement. Ajouter une pointe de sel. Assaisonner les filets, les rôtir au beurre, en les gardant rosés.

Ajouter dans le jus au dernier moment un gros morceau de beurre, la sarriette coupée grossièrement, le poivre du moulin, du sel fin.

Dresser : farcir les carottes avec les fèves, poser les carottes dans l'assiette, à côté du bouquet de pissenlits, assaisonner avec un peu de jus. Les deux filets seront positionnés devant et nappés de quelques gouttes de sauce et des feuilles de sarriettes.

*171, Boulevard du Montparnasse
75006 Paris
tel : 01.40.51.34.50*

LA CLOSERIE DES LILAS

Les effluves d'un havane envahissent la douce et intime atmosphère du bar, tandis que quelques notes de piano réveillent légèrement les poètes assoupis à leur table. Ce mardi de 1905, Paul Fort entouré d'André Salmon, Rimbaud, Verlaine, et Francis Jammes, tient une réunion littéraire pour la revue *Vers et Prose* à *La Closerie des Lilas*. Nombreux sont les poètes, écrivains, et intellectuels de la rive gauche à se retrouver depuis le début du XXe siècle dans ce lieu dont les origines remontent à 1847.

Bullier, ancien serveur du bal voisin de *La Grande Chaumière*, avait cette année-là acheté le bal champêtre situé de l'autre coté du boulevard du Montparnasse, transformant l'espace en un somptueux palais assorti d'un parc garni de parterres de fleurs et de jets d'eau ; la plantation de mille pieds de lilas donne son nom au nouveau *Bal de Montparnasse* où dansent Clémentine Pomponnette et Pauline la Folle, avant d'être renommé *Le Jardin Bullier*, puis *Le Bal Bullier*. Le propriétaire d'un bougnat situé de l'autre côté de la rue décide un jour de transformer son établissement en lui donnant le nom de *Closerie des Lilas*. Très vite la clientèle du *Bullier* préfère ce lieu en forme de proue de bateau dont la terrasse, véritable petit jardin protégé par une tonnelle, promet des instants romantiques. En 1925, l'établissement se modernise sous la houlette des décorateurs Alphonse Louis et Paul Solvet. Les auvents de l'extérieur deviennent de longues terrasses Art déco coffrées de bois, tandis que des panneaux de verre gravés ou rehaussés d'émaux augmentent l'intimité de cet espace en bois d'acajou.

Lieu central dans la vie des montparnos, « la Closerie », comme la surnomment les habitués, est régulièrement l'objet de scènes mémorables. Ainsi, en 1925, une bagarre éclate entre Rachilde, femme de lettres, et les Surréalistes. Elle vient de publier un texte anti allemand dans *Paris Soir*, ce qui scandalise Robert Desnos et Michel Leiris qui le trouvent insultant à l'égard de leur ami Max Ernst. Le ton monte, les coups pleuvent, seule l'arrivée de la police met un terme à l'évènement.

Refuge de prédilection d'Ernest Hemingway au lendemain de la seconde guerre mondiale, l'écrivain fait connaître au propriétaire des lieux le daïquiri, son cocktail favori à base de rhum blanc, citron vert et sucre, devenu un incontournable du lieu. Picasso, Picabia, Derain ou encore Fernand Léger y passent de longues heures à refaire le monde, installés sur les banquettes en moleskine rouge, comme en témoigne le set de table de la brasserie illustré de leurs signatures. Gainsbourg a passé les « premières heures de 1960 » dans l'ambiance légèrement décadente de *La Closerie*, l'endroit « préféré de Paname » du chanteur Etienne Daho. Racheté par le couple Siljegovic en 1995, cet élégant espace, imprégné de la vie du quartier Montparnasse, est aujourd'hui encore fréquenté par une foule de personnalités.

TARTARE CLOSERIE

Ingrédients

pour 1 personne

165 g de viande hachée (Aiguillette Baronne)
10 g de câpres
10 g d'oignon haché
5 g de persil haché
1 jaune d'œuf
1 cuiller d'huile
1/2 cuiller de moutarde
1/2 cuiller de ketchup
sauce anglaise
tabasco
sel et poivre

Progression

Dans un saladier, mélanger la moutarde et le jaune d'œuf avec l'huile, comme pour une mayonnaise.
Incorporer les câpres, les oignons, le persil, le ketchup, la sauce anglaise, le tabasco, le sel et le poivre, bien malaxer et écraser.
Ajouter la viande, bien mélanger à nouveau.
Rectifier l'assaisonnement.
Servir avec une salade ou des frites.

6, Place Saint-Germain-des-Prés
75006 Paris
tel : 01.45.48.55.25

LES DEUX MAGOTS

À l'heure où Delacroix, Ingres, Balzac et Georges Sand s'installent à Saint-Germain-des-Prés, un magasin de « nouveautés » baptisé *Les Deux Magots* propose, à l'angle de la rue de Seine et de la rue de Buci, des étoffes et soieries, alors très en vogue à Paris. L'origine littéraire de ce nom, tiré de la pièce de théâtre de Michel Sevrin *Les deux magots de la Chine*, est prémonitoire pour ce café, qui deviendra par la suite un des grands lieux de rendez-vous littéraires de la capitale.

Le prospère établissement s'agrandit et déménage en 1873 en face de l'église, place Saint-Germain-des-Prés, avant de céder la place, moins de quinze ans plus tard, à un café liquoriste du même nom très vite fréquenté par Verlaine, Rimbaud et Mallarmé. Le grand-père des actuels propriétaires achète les lieux au début de la seconde guerre mondiale et les décore entièrement. La salle a aujourd'hui conservé son élégance fin de siècle avec son mobilier, dont la boiserie patinée est relevée par la moleskine grenat des banquettes, et son plafond à caissons d'où descendent des lustres de cuivre. De vastes miroirs rectangulaires sont encadrés de colonnes de couleur crème décorées de nœuds et surmontées de larges bandeaux de stuc ciselés de feuillages, de fleurs et d'oiseaux. Les deux magots trônent chacun sur une face d'un gros pilier carré au centre de la salle. Belles statues polychromes de commerçants chinois, vestiges de la boutique d'origine, ils regardent les visiteurs attablés d'un oeil légèrement désabusé.

De « véritables institutions aussi célèbres que des institutions d'État » a écrit Léon-Paul Fargues à propos des cafés – dont *Les Deux Magots* – de ce quartier d'artiste dans *Le Piéton de Paris*. Alfred Jarry et Oscar Wilde, André Breton et ses amis, Saint-Exupéry, Éluard, James Joyce, Gide et Elsa Triolet ou encore Picasso et les frères Prévert se rencontrent à sa terrasse, du début du siècle jusqu'à la seconde guerre mondiale.

Le Prix des Deux Magots est créé le jour où André Malraux reçoit le Goncourt pour son roman, *la Condition humaine*. Prenant un verre à la terrasse, Martine, bibliothécaire de l'école des Beaux Arts et Roger Vitrac, auteur des *Enfants au Pouvoir* décident de constituer un jury de treize membres parmi leurs amis, lesquels verseront chacun cent francs pour récompenser l'ouvrage d'un jeune écrivain. Le premier prix est alors attribué à Raymond Queneau pour *Le Chiendent*.

L'endroit reste l'un des rares lieux de rencontre et d'échange de la capitale occupée pendant la seconde guerre mondiale : Jean-Paul Sartre et Simone de Beauvoir y ont près du poêle leurs tables fétiches. Depuis, hommes politiques, stars de la chanson, peintres et photographes continuent de fréquenter ce lieu mythique. Il est probablement un des seuls lieux où des touristes venus il y a vingt ans peuvent reconnaître le garçon de café en tenue qui les avaient servis alors.

TARTE AU CHOCOLAT AMER

Ingrédients

pour 4 personnes

Pour la pâte :
130 g de beurre
250 g de farine
120 g de sucre glace
1 pincée de sel
1 oeuf
1 gousse de vanille

Pour la garniture :
500 g de chocolat
250 g de crème fraîche
40 cl de lait
2 œufs

Progression

Dans un saladier, mélanger le 1/3 de la farine avec le beurre découpé en petits dés. Y ajouter les oeufs, le sel, la gousse de vanille grattée et le sucre glace. Bien mélanger le tout. Incorporer le reste de la farine. Travailler la pâte avec la paume de votre main. Mettre la pâte en boule, l'étaler sur la feuille de papier cuisson, et la mettre au réfrigérateur pendant 20 mn. La sortir et la laisser reposer à température ambiante.
Déposer la pâte sur votre moule à tarte et lui donner la forme du moule. Cuire la pâte à blanc pendant 10 mn à 180°C. À la sortie du four, découper la pâte le long du bord du moule.
Couper le chocolat en petits morceaux, faire chauffer la crème et le lait et verser tout cela sur le chocolat. Mélanger. Quand le chocolat est fondu, le faire refroidir avant d'incorporer les œufs. Mélanger sans fouet pour ne pas incorporer d'air. Baisser le four à 150°C et mettre à cuire pendant 22 mn. Laisser refroidir.

*51, Quai des Grands Augustins
75006 Paris
tel : 01.43.26.68.04*

LAPÉROUSE

Le crissement d'un diamant sur un miroir... Un son habituel chez *Lapérouse* à la Belle Époque. Dans les petits salons du premier étage, les Élégantes vérifiaient ainsi la valeur des cadeaux de leurs soupirants. Les traces laissées par ces bijoux sont encore visibles aujourd'hui dans ce lieu intime à l'ambiance feutrée. Créé en 1766, le destin de ce restaurant a évolué au rythme des bouleversements de son quartier.

Au milieu du XVIIIe siècle, Lefèvre, limonadier de Louis XVI, rachète cet hôtel particulier des bords de Seine à Forget, Maître des Eaux et Forêts du roi. Le marché de la Vallée remplace le couvent des Grands-Augustins. Lefèvre transforme alors la demeure en *Marchand de Vins* : volailles et bonnes bouteilles sont dégustées au rez-de-chaussée, tandis que les anciennes chambres des domestiques au premier étage permettent aux négociants et à leurs meilleurs clients de faire leurs transactions à l'abri des voleurs et des indiscrets.

En 1870, la construction des Halles Baltard – en lieu et place du marché – menace l'existence du lieu. Le Tout Paris littéraire découvre cependant le *Marchand de Vins*, et très vite Guy de Maupassant, Emile Zola, Alexandre Dumas, Victor Hugo puis Colette deviennent des habitués de ce restaurant – rebaptisé *Lapérouse* depuis quelques années, à la mémoire du navigateur. Les photographies de ces illustres clients, immortalisés par les frères Nadar, habillent dorénavant les murs.

À la fin du XIXe siècle, le propriétaire adapte le lieu à sa nouvelle clientèle. Les murs sont recouverts de reliefs en cuir de Cordoue, tandis que le mobilier devient Empire. Chaleur et mystère envahissent l'espace à travers un jeu de lumières basses et tamisées se reflétant discrètement sur des canapés en velours rouge. Les repaires de négociations commerciales du premier étage font place à de charmantes alcôves. Meubles en bois noirs et châtains travaillés, fleurs exotiques et maquettes de bateaux, le style colonial du bar du rez-de-chaussée évoque quant à lui les expéditions du navigateur.

Les petits salons deviennent témoins de nombreuses rencontres : galantes dans le salon « des amours » sous l'œil bienveillant des angelots peints sur les murs, ou politiques dans le plus grand salon « des sénateurs ». Le décor et l'intimité d'alors sont restés intacts. Tout comme la notoriété de ses clients : Maurice Schuman et le général de Gaulle y déjeunaient ensemble. Quant à François Mitterrand, il aurait eu ses habitudes dans le salon du « quai aux fleurs ».

SOUFFLÉ LAPÉROUSE
au praliné à l'ancienne, caramel au vieux rhum

Ingrédients
pour 4 personnes

Pour le soufflé :
240 g de crème patissière (ci-dessous)
120 g de praline (à défaut, Nutella noisette)
250 g de blanc d'œufs soit 8 pièces
80 g de sucre

Pour le caramel :
100 g de sucre
180 g de crème liquide
5 cl de rhum brun vieux

Pour la crème patissière :
250 cl de lait
2 jaunes d'œuf
60 g de sucre
35 g de farine

Progression

Préparer le caramel : cuire le sucre dans une casserole à sec jusqu'à ce qu'il obtienne une couleur blonde légèrement foncée. Verser alors délicatement et petit à petit la crème dans celui-ci en faisant atttention aux petites explosions, brûlantes.
Alcooliser enfin le caramel averc le rhum, puis réserver.
Préparer la crème patissière : fouetter les jaunes avec le sucre jsqu'à ce que l'appareil blanchisse légèrement. Mettre le lait à bouillir. Incorporer la farine au mélange jaune-sucre. Verser le liquide chaud sur celui-ci puis remettre dans la casserole. Cuire en fouettant continuellement jusqu'à ébullition, puis réserver au frais.
Progression du soufflé : beurrer au pinceau et sucrer à la cassonade les 4 moules à soufflé. Fouetter la crème patissière avec le praliné ou le Nutella à défaut.
Monter les blancs en neige, puis ajouter au dernier moment le sucre en le jettant dans la cuve du batteur. Laisser tourner 1 mn puis arrêter l'appareil.
Incorporer au fouet une première partie des blancs dans la patissière puis terminer avec le reste, délicatement avec une maryse afin de ne pas casser l'appareil.
Garnir les moules puis les lisser avec une spatule.
Cuire environ 12 mn dans un four chaud (200°C, thermostat 8).
Au moment de servir, creuser le centre du soufflé et verser, selon convenance, la quantité de caramel tiède souhaitée.

59, Boulevard du Montparnasse
75006 Paris
tel : 01.45.49.19.00

MONTPARNASSE 1900

Une cuisine simple dans un décor étonnant et raffiné... Telle est, au début du siècle, la recette de la famille Chartier. Racheté en 1903, le restaurant du 59, boulevard du Montparnasse devient l'un des nombreux *Bouillons Chartier* dont le succès ne tarit pas. Motifs floraux et végétaux, bois ouvragé ondulant, après trois années de travaux, *Le Bistrot de la Gare* dévoile aux voyageurs attablés la précision et la finesse de son décor délicieusement Art nouveau.

Au mur, une balustrade en céramique est surmontée d'une glace biseauté cernée par un cadre en bois brun aux courbes féminines, tandis que des branches de mûriers et de liserons courent le long d'un treillage bleu encerclant les miroirs : en attendant leur train, hommes d'affaires et autres artistes pressés d'aller revoir leur Normandie se laissent aller à de romantiques pensées dans cet espace bucolique. Les petites peintures champêtres sur pâte de verre au bas des poutres signées Louis Trézel, permettent en outre de charmants instants d'évasions.

Perçant l'immense verrière fleurie, les rayons du soleil inondent les travées de la deuxième salle. Des paysannes en bronze légèrement vêtues trônent sur une balustrade en acajou et portent fièrement d'imposants globes d'éclairage et des lampes en forme de tulipes aux ondulations sensuelles et gracieuses.

Repris par Rougeot au lendemain de la première guerre mondiale, *Le Bistrot de la Gare* devient célèbre et ne cessera tout au long du XXe siècle d'accueillir des voyageurs en partance. Soucieux de respecter le style de l'espace, le décorateur Slavik rénove les verrières en 1977. Clin d'œil à l'histoire du quartier Montparnasse dont il est le témoin depuis plus d'un siècle, le lieu a été renommé *Montparnasse 1900* par les derniers acquéreurs. Renouant avec ses premières amours, le restaurant propose depuis une cuisine traditionnelle française dans ce décor début de siècle merveilleusement conservé.

TRAVERS DE PORC AUX AUBERGINES ET AUX TOMATES CONFITES

Ingrédients

pour 8 personnes

3 kg de travers de porc
1 gousse d'ail
1 oignon
1 branche de romarin
4 petites aubergines
50 cl d'huile d'olive vierge
12 grosses pommes de terre
300 g de tomates confites
4 oignons nouveaux
4 cuillères à soupe de persil haché
10 cl de vinaigre balsamique
2 cuillères à soupe de sauce Worcestershire
Piment d'Espelette
Sel, poivre du moulin

Progression

La veille, faire mariner les travers avec la gousse d'ail écrasée, l'oignon émincé, le romarin, les aubergines lavées et coupées en 2 dans la longueur, du sel, du poivre et 3 pincées de piment d'Espelette dans 30 cl d'huile d'olive.
1h30 à l'avance, laver les pommes de terre, les essuyer et les envelopper dans du papier d'aluminium. Les faire cuire au four 1h30 à 180° C.
Pendant ce temps, préparer la sauce : couper les tomates en lanières, émincer les oignons nouveaux et déposer le tout dans un grand bol avec le persil. Assaisonner, ajouter le vinaigre balsamique, la sauce Worcestershire et l'huile d'olive restante. Réserver le tout au réfrigérateur au moins 1 h.
30 mn avant de passer à table, allumer le barbecue ou le gril, y déposer les aubergines et les travers 30 mn environ. Dresser avec la sauce aux tomates confites.

*45, boulevard Raspail
75006 Paris
tel : 01.49.54.46.90*

LE PARIS

Un paquebot dont les cabines et les cales seraient remplies d'œuvres modernes, en plein cœur de Paris…

Situé au rez-de-chaussée de l'*Hôtel Lutétia* – l'une des plus imposantes réalisations Art déco de la capitale, imaginée par les architectes Louis Boileau, Henri Tauzin et le sculpteur Léon Binet de 1907 à 1911 – *Le Paris* transporte aujourd'hui encore les nostalgiques et les gourmands dans le luxe raffiné des années 30.

On y trouve au départ un élégant salon de thé et une pâtisserie réputée, fréquentés tout autant par les clients de l'hôtel – riches européens, bourgeois de province – que par le flot dense de Parisiens se pressant au *Bon Marché*, cet énorme bloc faisant fièrement face au *Lutétia*. Macarons, opéras, mille-feuilles, éclairs et financiers se dégustent alors avec de riches thés fumés de provenances exotiques. Joséphine Baker vient y croquer quelques madeleines en compagnie de ses nombreux amants et enfants, tandis qu'André Gide y griffonne imperturbablement quelques notes sur son calepin.

L'hôtel renonce comme bien d'autres – signe des temps – à sa pâtisserie pour ouvrir en 1985 un restaurant à la hauteur de sa clientèle la plus huppée. Fidèle à l'esprit du bâtiment et à sa tradition de « musée vivant », le propriétaire fait alors appel à la créatrice Sonia Rykiel pour reconstituer l'atmosphère d'un salon de paquebot 1930 que quelques œuvres d'art contemporaines viendraient rehausser.

De belles boiseries Art déco travaillées dans un assemblage de bois précieux, habillent dorénavant l'ensemble des murs, les motifs centraux – une coupelle en ombre chinoise de laquelle débordent raisins, poires et bananes – éveillant discrètement la gourmandise des clients. Quelques luminaires aux formes géométriques épurées que de discrètes lignes noires viennent délimiter éclairent un ensemble de sculptures contemporaines d'Hiquily. Une princesse africaine en bronze doré vous invite, d'un regard bleu dense, à vous asseoir pour savourer la cuisine du chef étoilé Philippe Renard, alors qu'une autre sculpture plus énigmatique, dont les formes sont comme un clin d'œil aux courbes sensuelles imaginées par Henry Moore, vous salue tandis que vous quittez les lieux.

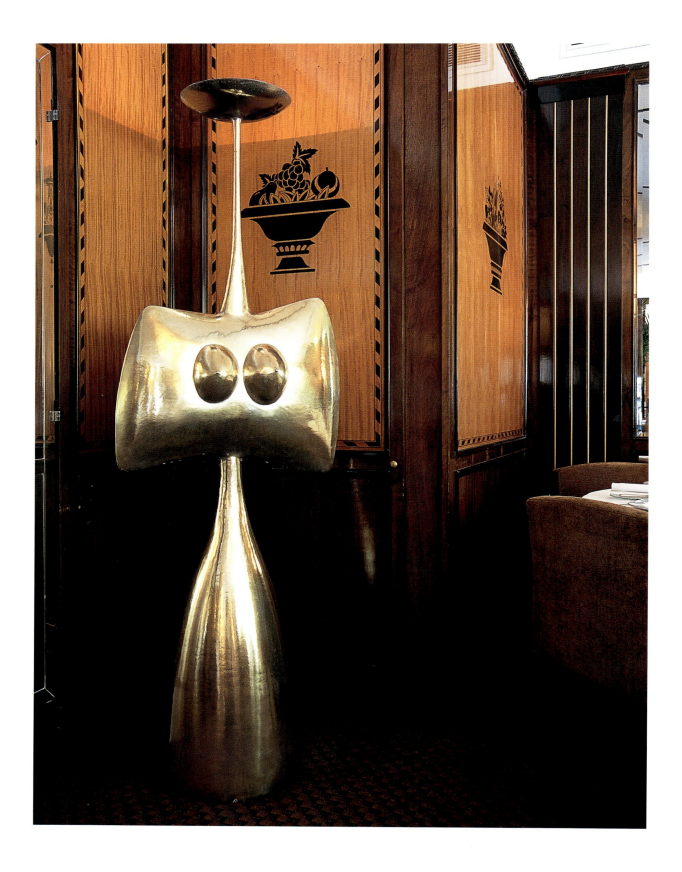

FILETS DE CANETTE RÔTIS AU SARAWAK
navets caramélisés au citron vert

Ingrédients

pour 10 personnes

10 filets de canette fermière de 180g
Poivre de Sarawak
Fleur de sel
10 bottes de navets violets
5 pièces de citron vert
1,5 l de jus de volaille
500 g de roquette
25 g de sucre semoule

Progression

Préparer les filets : assaisonner les filets de canette, inciser la peau pour former un croisillon. Les poêler doucement côté peau puis les retourner selon coloration. Les cuire environ 10 à 15 mn, déglacer la sauteuse avec 1/3 du jus de volaille, laisser réduire un tiers puis réserver le jus de cuisson.

Préparer la garniture : éplucher, laver et couper en 4 les navets violets. Les placer dans une sauteuse avec une noix de beurre, le sucre semoule et le restant du jus de volaille. Laisser cuire à couvert pendant une dizaine de minutes. Ôter le couvercle, laisser réduire le jus en remuant régulièrement les navets pour les caraméliser.

Peler les citrons verts à vif, lever les segments, puis les ajouter aux navets.

Rectifier l'assaisonnement.

Dresser une petite salade de roquette arrosée d'un peu du jus de cuisson, de fleur de sel et poivre et huile d'olive. Poser les navets au centre de l'assiette, puis ajouter un peu de sauce sur les filets.

41, rue Monsieur-le-Prince
75006 Paris
tel : 01.43.26.95.34

POLIDOR

Céleri rémoulade, pâté de foie et blanquette de veau : la carte du *Polidor* n'a pas changé depuis 1930. Immuable, la clientèle de ce restaurant l'est aussi : « j'ai mangé chez vous pour la première fois il y a plus d'un demi-siècle », « je suis protégé par saint Polidor depuis 1927 » etc... raconte au fil des pages le livre d'or de ce légendaire restaurant bon marché du Quartier Latin. Un écho au journal intime de Paul Léautaud du 21 Novembre 1941 « Déjeuner avec Marie Dormoy dans un excellent restaurant : le *Polidor*, rue Monsieur le Prince. Je crois que nous continuerons d'y aller ».

« Crémerie Restaurant » : cette inscription en lettres d'or figure sur la façade du *Polidor* depuis toujours. Jusqu'à la fin du XIXe siècle, l'établissement vend du beurre, des œufs, et des fromages aux femmes du quartier. Véritable restaurant à partir de 1890, les étudiants fauchés de la Sorbonne investissent l'endroit tandis que Maurice Barrès, Louis Ménard, Jean Jaurès ou encore Verlaine et Rimbaud ont leurs ronds de serviettes rangés dans un petit meuble noir au fond de la grande salle aux murs crème, tout comme un peu plus tard Ernest Hemingway, André Gide, Paul Valéry et même James Joyce.

Serrés le long des tables en bois nappées de tissus à carreaux rouges, les Pataphysiciens font du lieu, véritable temple du hachis Parmentier et de la cuisine de nos grands-mères, leur Quartier Général à partir de 1948. Venant des adeptes de la « science de l'exception et des solutions imaginaires », le choix peut paraître étonnant. Il marque pourtant le début d'une longue histoire : Boris Vian y est promu au rang de « commandant satrape » en 1953, tandis que l'endroit accueille aujourd'hui encore les réunions occasionnelles de la joyeuse bande.

Monsieur et Madame Bony, à la tête de l'endroit depuis 1930, décident quarante ans plus tard de vendre. Pas question de céder la place à « l'industrie de la mangeaille » telle que l'appelle Madame. Une étudiante en droit, fidèle cliente et désireuse de conserver l'esprit des lieux, reprend les rênes. Service à l'ancienne et cuisine sans chichi, les différents propriétaires n'ont jamais cédé à aucune mode. Aujourd'hui fréquenté par bon nombres d'habitués, l'établissement est aussi le rendez-vous des touristes à la recherche du Paris d'autrefois.

BLANQUETTE DE VEAU POLIDOR

Ingrédients

pour 6 personnes

1,4 kg d'épaule de veau désossée
4 gros oignons
2 gousses d'ail
1 bouquet garni
1 branche de céleri
1 blanc de poireau
80 g de beurre
80 g de farine
25 cl de crème fraîche
300 g de champignons de Paris
150 g de petits oignons
1 citron
300 g de riz créole
100 g de beurre

Progression

Mettre la viande à blanchir dans de l'eau froide, porter à ébullition 2 mn, rafraîchir et égoutter dans une passoire.
Émincer les oignons, les carottes, le céleri et le blanc de poireau. Mettre la viande à cuire 1 h à feu moyen avec les légumes ci-dessus, l'ail et le bouquet garni.
Préparer la garniture à l'ancienne : éplucher, laver et faire glacer les petits oignons, éplucher et escaloper les champignons.
Faire cuire le riz.
Préparer le roux blanc (farine et beurre), le mélanger avec la garniture à l'ancienne et la crème fraîche. Cuire quelques minutes.
Répartir la sauce sur la viande, servir bien chaud.

142, Boulevard Saint-Germain
75006 Paris
tel : 01.43.26.68.18

VAGENENDE

On frémit à l'idée que cette petite merveille Art nouveau ait manqué de devenir en 1966 un supermarché. C'est le soutien d'André Malraux, alors Ministre de la Culture, qui a sauvé *in extremis* l'établissement.

Edouard et Camille Chartier, fondateurs d'une chaîne de Bouillons en plein expansion – établissements qui, à l'origine, servaient un plat unique de viande et un bouillon aux travailleurs des Halles – tombent en 1905 sous le charme d'une petite pâtisserie, et peut-être également de son emplacement, à moins de cent mètres de la place Saint-Germain-des-Prés.

L'endroit est aussitôt acheté avec sa cour intérieure et transformé en une version plus bourgeoise du Bouillon traditionnel, dans la même veine que ses contemporains de la rue du Faubourg-Saint-Denis (*Julien*), de la rue Racine (*Bouillon Chartier*) et du Boulevard du Montparnasse (aujourd'hui rebaptisé *Montparnasse 1900*).

Le chantier est confié à l'architecte Jean-Marie Bouvier qui commande, en pleine effervescence « 1900 », au peintre Pivain la création d'un vaste ensemble de peintures sur pâte de verre ornant la partie inférieure des innombrables miroirs biseautés se reflétant à l'infini dans le restaurant. Trente-six petites scènes aux allures romantiques exaltent une nature vibrante dans laquelle se nichent discrètement un moulin en pierre, un pêcheur tranquille ou une bourgade aux allures paisibles.

Le reste du décor répond davantage aux critères et à l'exubérance du style Art nouveau : des entrelacs de boiseries, tout en courbes et en arabesques, encadrent les nombreux miroirs, tandis qu'une longue tresse de fruits multicolores en faïence court tout le long du bistrot, à la hauteur des assiettes des clients. Une grande verrière aux motifs floraux verts et jaunes surplombe l'ensemble, jetant sa lumière douce sur un vieux gramophone que l'on peut aujourd'hui encore entendre épisodiquement geindre fébrilement.

Après quelques années d'exploitation, le Bouillon est repris par le grand concurrent des Chartier, Rougeot, avant d'être, dans les années 20, vendu à la famille Vagenende qui lui donne son nom. L'actuelle propriétaire des lieux a su préserver l'endroit dans son jus, depuis plus de vingt ans déjà, redonnant au Bouillon ses lettres de noblesse tout en mettant davantage l'accent sur les produits de la mer. Le classement en 1983 du plafond, des murs et des sols à l'Inventaire Supplémentaire des Monuments Historiques lui assure dorénavant une pérennité certaine.

SOLES MEUNIÈRES

Ingrédients

pour 4 personnes

4 soles de 300 g environ
8 cuillères à soupe de farine
2 cuillères à soupe d'huile d'arachide
80 g de beurre
3 citrons
Sel, poivre

Progression

Demander au poissonnier de préparer les soles en retirant la peau noire et écailler la peau blanche.
Assaisonner les soles, puis les fariner délicatement. Les secouer pour retirer l'excédent. Dans une grande poêle, mettre une cuillère à soupe d'huile et une noix de beurre. Quand celui-ci est mousseux, déposer 2 soles côté peau blanche. Laisser cuire 4 mn environ à feu doux en arrosant régulièrement avec le jus de cuisson.
Retourner délicatement les soles avec une spatule et laisser cuire 4 mn à nouveau. Retirer et réserver. Faire cuire de la même manière les 2 autres soles. Et réserver.
Faire fondre le reste du beurre jusqu'à ce qu'il obtienne une belle coloration noisette, puis ajouter le jus de 2 citrons. Découper le dernier citron en quarts.
Dresser les soles, les napper du beurre citronné et finir avec un quartier de citron.

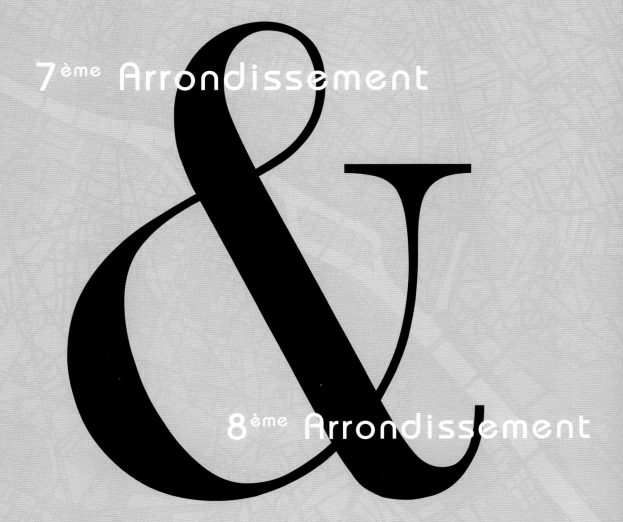

7ème Arrondissement & 8ème Arrondissement

41, rue de Lille
75007 Paris
tel : 01.42.92.03.04

LA MAISON DU TÉLÉGRAPHE

Des arches monumentales soutiennent un haut plafond tandis qu'un tapis de mosaïques ocres, brunes et jaunes orne élégamment le sol. Les dames de la poste ont pris leurs quartiers au début du siècle passé dans cette grande salle du rez-de-chaussée d'un immeuble de la rue de Lille. L'État met à l'époque un point d'honneur à loger ces femmes, souvent célibataires et issues de milieu modeste, venues de province travailler à Paris dans l'Administration. L'architecte Bliaut construit à cette occasion ce bâtiment en 1905, au cœur du quartier des ministères.

On retrouve l'empreinte de l'architecture « sociale » dans ce lieu. Celle-ci, plus retenue que l'Art nouveau, s'inspire du mouvement Sécession et du *Jugendstil* allemand du début du siècle. Les lignes courbes du mobilier sont sans fioriture ni extravagance : les vitres sont émaillées de lianes entremêlées de fleurs mais seulement dans la partie supérieure, et les tons foncés des mosaïques témoignent de la volonté de conserver à l'endroit une austérité sans tristesse. Une suite de fenêtres élégantes mais sobres entoure l'étroite et haute porte d'entrée du restaurant, tandis qu'à l'intérieur, la vaste salle éclairée par de spacieuses baies vitrées donne sur un petit jardin aménagé.

Une société commerciale avait depuis longtemps remplacé les dames de la poste quand, en 1985, Bernard Marck découvre ce magnifique endroit, lieu parfait pour son futur restaurant. François-Joseph Graph, qui vient de restaurer *L'Ambroisie*, se voit confier la décoration de la salle. Les meubles aux lignes géométriques signés Serrurier-Bovi retrouvent leurs fonctions originelles. L'un d'entre eux, utilisé au début du siècle pour ranger les serviettes, couverts, et verres des dames de l'Administration, est encore utilisé aujourd'hui mais sert à disposer, entre autres, les bouteilles de vins. Les mosaïques reprennent leurs couleurs d'antan, les chaises, tables et le bar en acajou et noyer sont réalisés dans le plus pur style 1900.

Apprécié pour son charme et son élégance, cet endroit historique dont la devanture ne laisse rien supposer de son décor ouvre en 1987 et devient un des restaurants « branchés » de la capitale. Repris à la fin des années 1990, il subit quelques petites transformations : murs peints à la feuille d'or, nouvelle vaisselle. Le plafond rappelle par petites touches le violet foncé des nouveaux sièges et donne à ce lieu une atmosphère chaleureuse et feutrée tout en gardant l'esprit insufflé par Bliaut au début du siècle.

RISOTTO DE MORILLES AUX ASPERGES

Ingrédients

pour 10 personnes

500 g de riz rond (arborio)
4 échalotes
1 verre de vin blanc
1 l de bouillon de volaille
1 kg de morilles
2 bottes d'asperges vertes
Huile d'olive

Progression

Laver 3 à 4 fois les morilles, les sécher. Les faire revenir dans un peu d'huile avec 2 échalotes finement ciselées. Mouiller avec le vin blanc et le fond de volaille, cuire environ 20 mn, égouter (le jus de cuisson peut servir à mouiller le risotto) et mettre de côté. Ciseler 2 échalotes, les faire revenir dans un peu d'huile d'olive. Y ajouter le riz, faire nacrer à feu vif pendant 45 secondes. Puis verser le fond de volaille louche après louche pendant la cuisson du riz, pendant 20 mn environ.

Faire cuire pendant ce temps les asperges vertes dans de l'eau bouillante salée 10 mn environ. Refroidir dans de l'eau glacée, réserver les têtes.

Rajouter les morilles au risotto 2 mn avant la fin de la cuisson. Dresser chaque assiette, en ajoutant quelques têtes d'asperges. Servir éventuellement avec une sauce à la viande ou au vin rouge.

*20, rue Artois
75008 Paris
tel : 01.43.80.19.66*

APICIUS

C'est dans un site exceptionnel entouré d'un grand jardin, à quelques pas des Champs-Élysées, que Jean-Pierre Vigato a posé son piano il y a près de trois ans pour ouvrir son nouveau restaurant.

Après quelques années passées avenue de Villiers, dans le XVIIème arrondissement, il est tombé sous le charme d'un espace exceptionnel en plein cœur de Paris dans lequel il a choisi de déménager *Apicius*. Le grand rez-de-chaussée et les jardins qu'il occupe font partie de l'Hôtel Schneider qui fut édifié par le fondateur des Forges du Creusot autour de 1850, sur le modèle des hôtels particuliers parisiens du XVIIIe siècle.

L'architecte Eric Zeller, collaborateur régulier de Jean-Pierre Vigato, a intégralement repensé l'espace pour y créer un restaurant contemporain, sans pour autant renoncer à un certain esprit « XVIIIe » qui animait les lieux. Un grand bar a ainsi été aménagé dans une salle à pilastres, toujours ornée de son plafond peint néo-rococo, sur lequel une ribambelle d'angelots virevoltent, surplombant un grand lustre à pampilles qui éclaire les convives lors de l'apéritif.

Un corridor, qui court sur près de trente mètres tout le long du restaurant, a été conçu pour accéder aux cinq espaces composés d'une enfilade de trois pièces côté jardin et de deux salons particuliers. On retrouve dans chaque salle une partie de la collection d'œuvres d'art, de mobilier et d'objets du chef : des lustres de théâtre, chinés aux puces, illuminent dans une des pièces une vieille table en bois et les assiettes dessinées par *Sophie d'E* pour *Apicius*. Dans le couloir, de ravissantes commodes à damier créées par *Ginger Brown* voisinent avec des œuvres inspirées de la Sécession Viennoise, ou encore un grand tableau de Paul Roland, de la Manufacture Royale de Bruxelles. La terrasse domine un grand jardin dans lequel l'art, à travers quelques sculptures magistrales, tient également une place importante.

Dans ce mélange réussi fait de sagesse classique, d'un peu de folie baroque et de design, le maître des lieux propose une cuisine élégante qui lui vaut les honneurs répétés de nombreux guides et d'une fidèle clientèle d'habitués.

SELLE D'AGNEAU AU FOUR
compote de souris aux épices et amandes

Ingrédients

pour 4 personnes

1 selle d'agneau préparée par votre boucher (600 g)
2 petites souris d'agneau
20 amandes entières mondées
1 trait d'huile d'olive
botte de basilic effeuillé

Garniture de légume : 2 oignons blancs
2 gousses d'ail
1 anis étoilé
1 petit bâton de cannelle
Quelques grains de poivre blanc et noir
1 petit bouquet garni
3 dl d'eau

Progression

Faire revenir les souris d'agneau en cocotte avec toute la garniture de légumes et d'épices. Mouiller avec l'eau, couvrir, et cuire à tout petit feu pour obtenir une espèce de compote d'agneau. Mettre de côté le jus.
Pendant ce temps, assaisonner largement la selle d'agneau et la faire rôtir 20 mn à 200° C dans un four préchauffé pour la tenir rosée. Bien la laisser reposer 20 mn (autant que le temps de cuisson).
Faire ensuite réduire le jus de cuisson des souris d'agneau avec les amandes entières jusqu'à consistance sirupeuse.
Jeter les feuilles de basilic dans le jus quelques minutes avant de servir. Dresser.

34, rue du Colisée
75008 Paris
tel : 01.53.93.65.55

LE BŒUF SUR LE TOIT

Un divertissement musical d'inspiration brésilienne de Darius Milhaud, quelques paroles de Jean Cocteau et des costumes de Raoul Dufy ont donné son nom à ce célèbre établissement de la rue du Colisée.

Ce petit spectacle, qui ressemble presque à une farce d'amis au départ, est donné en 1920 au Théâtre des Champs-Elysées. La première de la pièce reçoit un véritable triomphe, fêté le soir même par les trois compères au bar *Le Gaya*, rue Duphot, rebaptisé à cette occasion, avec la complicité du propriétaire Louis Moyes, *Le Bœuf sur le Toit*.

Bœuf migrateur, qui déménage successivement rue Boissy-d'Anglas, rue de Penthièvre puis avenue Pierre Ier de Serbie, avant de se trouver un ancrage définitif en 1941.

On y croise alors ce que Paris compte de plus célèbre et de plus branché : Jean Cocteau et Milhaud mènent la danse évidemment, mais à leurs côtés Fernand Léger réclame un morceau de jazz sous l'œil observateur de Christian Dior et de Coco Chanel, tandis que Francis Poulenc et Erik Satie prêtent une oreille attentive aux paroles d'Aragon, Breton, Radiguet, Claudel et bien d'autres. Plus loin, dans un coin, Picasso griffonne sur un bout de nappe avec ses amis Max Jacob, Picabia et Derain, espionnés par Gaston Gallimard qui rêve probablement de coucher tous ces étonnants souvenirs sur le papier. Une effervescence sans cesse renouvelée, un véritable tourbillon de culture qui marque le Paris de cette époque, au son du jazz bien sûr. La valse des célébrités ralentit quelque peu pendant la guerre – sans pour autant s'interrompre – avant de reprendre de plus belle.

La grande salle – semblable à un *dining hall* de paquebot Art déco – reprend vie, éclairée par de vastes luminaires blancs et noirs aux formes géométriques rigoureuses. Les miroirs reflètent à nouveau le flot de curieux qui s'y presse pour écouter quelques notes de musique. Les vestiges de la grande époque – une composition de Picabia, puis, depuis peu, un important ensemble de dessins de Cocteau, sont exposés dans les deux premières salles, comme un écho naturel à la sculpture qui trône au-dessus du piano et représente la tête de Cocteau surmontant un bœuf.

CASSOLETTE DE LOTTE SAUCE NEW BURG

Ingrédients

pour 4 personnes

1 kg de filets de lotte (poid net)
2 quenelles de brochet
10 cl d'huile d'olive
400 g de champignons de Paris
300 g de lentins de chêne
1 botte d'estragon frais
400 g de pâte feuilletée
2 œufs
60 cl de sauce New Burg
2 échalotes
10 cl de porto
40 cl de vin blanc
2 cl de sauternes

Progression

Faire réduire les échalotes avec le porto, le vin blanc, un peu d'estragon et du poivre. Mélanger à la sauce américaine et rajouter en fin de cuisson le sauternes.
Couper la lotte en gros dés, les faire saisir à feu vif quelques instants dans une poêle avec de l'huile d'olive.
Couper et sauter les champignons.
Répartir dans 4 bols individuels les morceaux de lotte, la moitié d'une quenelle, la sauce New Burg à la moitié du récipient, les champignons et une feuille d'estragon, poivrer.
Recouvrir de pâte feuilletée chaque bol.
Badigeonner de jaune d'œuf. Passer à four très chaud 20 mn. Servir sur une assiette chaude.

*8, rue d'Anjou
75008 Paris
tel : 01.40.17.04.77*

1728

Des rideaux en épais velours violet laissent entrevoir six marches éclairées par les bougies de deux candélabres. Plus haut, une étroite porte vitrée s'ouvre sur un lieu hors du temps. Édifié en 1728, cet hôtel particulier de la rue d'Anjou a été très prisé par Madame de Pompadour et ses courtisans.

Pièces hautes et spacieuses en enfilade, mobilier de style Louis XVI et du XVIIIe siècle italien, boiseries au mur, le décor et l'atmosphère des grandes heures de l'hôtel d'Anjou sont presque intactes. À tel point que Lafayette, ce célèbre défenseur de Paris, libérateur des Amériques et locataire du lieu au début du XIXe siècle, dont le buste trône sur une stèle de l'entrée, semble y habiter toujours.

Miraculeusement sauvé des coups de crayons ravageurs d'Haussmann, le lieu a pourtant connu la grandeur et la décadence des hôtels du vieux Paris.

Neuf mois de restauration ont été nécessaires pour que l'hôtel particulier retrouve son cachet d'origine. Jean-François Chuet a conçu l'espace lui-même et l'a décoré pour son épouse Yang Lining, qui gère le restaurant.

De grandes salles aux lourds rideaux moirés, éclairées par des lustres en verre de Murano, font également office de galerie d'art et de salon de musique. Baroques, classiques ou romantiques, des oeuvres appartenant au *1728* ou présentées par des collectioneurs sont exposées en permanence, tandis qu'un clavecin fait vibrer la dernière pièce lors d'agréables rendez-vous musicaux.

« Sur la route de la soie... de la côte ouest atlantique à la mer du Japon », le nom de la carte en dit long sur les subtils mélanges entre mets occidentaux et asiatiques élaborés par le chef pékinois Gao Lin. Collection de théières, paravent chinois en bois sculpté, en hommage à Yang Lining, un parfum d'Asie se diffuse subtilement dans ces salons Louis XVI. Avec ses lampes basses aux abat-jour rouges ronds et son décor épuré, le bar au design mystérieux a spécialement été conçu pour déguster des thés.

GRAVALAX DE BŒUF 1728

Ingrédients

pour 6 personnes

1,5 kg de filet de charolais ou salers préparé
100 g de sucre Moscovado (chez Israël, Paris)
80 g de Maldon Sea Salt
2 étoiles de badiane pilées
1 grosse cuiller à soupe de gingembre frais râpé
2 gousses d'ail hachées menu
1 zeste complet d'un citron jaune non traité
1 piment oiseau (Cayenne) à piler
200 ml de sauce soja Kikkoman
20 ml d'huile de sésame grillé
Poivre de Sarawak (chez Israël)
Huile d'olive de Souviou

Progression

Mettre dans un bocal de 1,5 l le sucre, le sel, la badiane, le gingembre, l'ail, le zeste de citron, le piment, l'huile de soja et l'huile de sésame. Secouer comme un cocktail au shaker. Plonger doucement le filet préparé sans chaînette ni nerf, mettre au réfrigérateur en retournant le bocal toutes les 9 heures pendant 36 heures.
Sortir le filet, l'éponger sur un torchon propre et nettoyer la surface.
Faire chauffer une grande poêle et tourner rapidement le filet sous toutes ses faces dans quelques gouttes d'huile pour obtenir une croûte de surface (la viande est cuite par la marinade). éponger et laisser refroidir.
Servir de belles tranches avec une roquette bien assaisonnée, un filet d'huile d'olive de Souviou et un tour de poivre de Sarawak.

*99, Champs-élysées
75008 Paris
tel : 01.40.69.60.50*

LE FOUQUET'S

« La bibliothèque nationale du parisianisme élégant »... Tels sont les mots choisis par Léon-Paul Fargues pour évoquer *Le Fouquet's* dans le *Piéton de Paris*. À l'angle de l'avenue Georges V et des Champs-Élysées, un petit estaminet réunit en 1899 les cochers des riches familles habitant le quartier. Louis Fouquet rachète le petit débit de boisson en 1901 et en fait le premier restaurant de la plus belle avenue du monde. Anglomanie de l'époque oblige, il s'appellera *Le Fouquet's*.

À la mort de Louis Fouquet, Léopold Mourier agrandit et embellit l'établissement : grill-room aux murs couverts d'acajou, bar américain interdit aux « femmes non accompagnées », le succès est immédiat. Autour d'élégantes comme Liane de Pougy s'y retrouvent aussi Georges Feydeau ou Raymond Poincaré.

Les Champs-Élysées se modernisent après guerre : l'automobile se développe et les promeneurs découvrent les premières salles de cinéma. *Le Fouquet's* devient alors le rendez-vous privilégié du monde du 7ème Art : Marcel Pagnol ou Marlène Dietrich sont des habitués ; « quant aux producteurs, ils s'arrachaient la table 22 moins par superstition que parce qu'elle donnait sur la queue du Normandie, où l'on pouvait compter les entrées de la séance de 14 heures ».

Rampe ouvragée, lustres en cristal et lourds rideaux, l'établissement est rénové en 1958 sous la direction du décorateur Jean Royère. Mais les Champs-Élysées sont moins à la mode et la magie du lieu s'essouffle. En rachetant le *Fouquet's* en 1976, Maurice Casanova a bien l'intention de relancer l'endroit. Il y fait venir ses amis de la Rive Gauche : Jean-Paul Sartre, Simone de Beauvoir mais aussi Françoise Hardy et Jean-Paul Belmondo.

Deux terrasses – une sur chaque avenue – sont construites, les soirées des Césars et des Molières y sont fêtées chaque année, tandis que José Arthur fait son « Pop club » tous les soirs en direct sur *France Inter*. Le lieu retrouve alors sa superbe.

Révélateur de l'histoire du *Fouquet's* : l'entrée. Comme sur Hollywood Boulevard, le visiteur foule les grands noms du cinéma français gravés sur une dalle en bronze devant la porte, tandis que trois pas plus loin, dans une vitrine, brillent des ronds de serviettes au nom d'Alain Delon, Charles Aznavour, Jean d'Ormesson, toujours utilisés par ces célèbres clients. Classé à l'Inventaire des Monuments Historiques en 1988, ce luxueux temple du cinéma a été rénové par Jacques Garcia en 1999.

MOELLEUX AU CHOCOLAT
glace au lait d'amande

Ingrédients
pour 4 personnes

150 g de chocolat à 51%
40 g de beurre
5 oeufs
120 g de sucre
80 g de farine
1 boîte de glace de lait d'amande

Progression

Chauffer le beurre et y mélanger le chocolat. Prendre la moitié du sucre, ajouter la farine et la moitié des oeufs. Donner du « corps » ; mélanger jusqu'à obtenir une mixture brillante. Mélanger le reste de sucre avec le reste des oeufs.
Mélanger le tout.
Beurrer les moules individuels en aluminium et cuire à 220° C pendant 5 à 6 mn.
Démouler dans une assiette et servir avec une quenelle de glace au lait d'amande.

*3, rue Royale
75008 Paris
tel : 01.42.65.27.94*

MAXIM'S

Les longues plumes d'un boa blanc et noir gisent sur le sol. L'élégante Liane de Pougy flirte dans la pénombre au son des dernières notes d'un orchestre tzigane. Le jour se lève sur l'église de la Madeleine quand les derniers clients de chez *Maxim's* s'égarent place de la Concorde. Repéré par la jeunesse dorée parisienne à la fin du XIXe siècle, l'ancien marchand de glaces est devenu un club très prisé où cocottes et fils de bonne famille font couler le champagne à flots jusqu'au petit matin.

Le bar appartient, depuis 1893, à un ancien garçon de café, Maxime Gaillard. Soucieux de faire venir une clientèle haut de gamme, le nouveau propriétaire, inspiré par la langue anglaise alors très à la mode à Paris, décide d'appeler son établissement *Maxim's*. À sa mort, deux célèbres maîtres d'hôtel, Cornuché et Durand, demandent à l'architecte décorateur Louis Marnez de créer un prestigieux décor. Mystérieuse et luxuriante, la nature s'installe peu à peu au 3 de la rue Royale. Lianes, fleurs et feuillages en cuivre s'entrelacent le long des miroirs arrondis, sur les portes et autour des piliers en bois d'acajou. Des appliques en forme de feuilles éclairent doucement la grande salle couverte d'une verrière aux milles fleurs, fruits et feuilles d'orangers tandis qu'aux murs, des nymphes délicieusement provocantes suscitent, chez les écrivains solitaires venus en spectateurs, quelques pensées émues.

La Belle Otéro et ses corsets ravageurs, Emilienne d'Alençon ou Louise Balthy et son ombrelle en dentelle anglaise – « belles de chez *Maxim's* » pour certains, mauvaises femmes pour d'autres – côtoient milliardaires américains, barons russes et têtes couronnées dans des soirées légèrement décadentes.

Au lendemain de la seconde guerre mondiale, la magie a cessé d'opérer. Grâce à Albert, célèbre maître d'hôtel parisien – intraitable sur la tenue et impitoyable dans le choix de la clientèle – l'endroit retrouve à partir de 1951 éclat et superbe. Juliette Gréco, Martine Carol, Paul-Émile Victor, ou encore le musicien Georges Van Parys sont des habitués de l'endroit.

Mondialement connu pour sa table, *Maxim's* le devient pour sa griffe quand, en 1977, Louis Vaudable, propriétaire de l'époque, s'associe avec le couturier Pierre Cardin. Le bar est alors reconstruit au premier étage et le restaurant, rénové par le décorateur Pierre Pothier, est classé à l'Inventaire des Monuments Historiques. Devenu la cantine du club des Cent, un rendez-vous de sélects gastronomes, *Maxim's* est plus que jamais un endroit où règne, comme le décrit Henri Calet dans *Le Croquant indiscret*, une « odeur particulière(…) un fumet composite et capiteux de sauces, d'alcools, de viandes, d'épices, de fruits de mer, de tabac et de parfum. Mais que des denrées de haute qualité. Un extrait de riches ».

148

NOISETTE D'AGNEAU ÉDOUARD VII
sauce truffée, escalopes de foie gras
quenelles de purée d'artichauts, navets glacés

Ingrédients

pour 1 personne

Principal :
1 carré d'agneau de 9 côtes
dans lequel il s'agira
de tailler trois noisettes
2 gros artichauts
40 g de foie gras frais
6 mini-navets
Quelques grammes de truffe

Pour les artichauts :
1 litre d'eau
1 citron
1 cuiller à soupe de farine

Pour les navets :
1 bouillon de légumes
10 g de beurre
1 morceau de sucre

Pour la sauce :
1 bouillon de volaille
1 pot de concentré de tomates

Progression

Préparer la purée d'artichauts : enlever les feuilles et la partie verte et les faire cuire dans l'eau mélangée à de la farine et du citron. Enlever ensuite le foin, concasser et mixer les artichauts, puis les passer au tamis.

Préparer les navets : éplucher les navets, les faire cuire dans un bouillon mélangé à de l'eau, une noisette de beurre et du sucre. Recouvrir les légumes à hauteur et les faire cuire jusqu'à absorption de tout le jus.

Préparer la sauce : il faudrait faire un fond de viande classique mais cela prend beaucoup de temps. Plus simple, faire un bouillon de volaille (Knorr) en mettant très peu d'eau par rapport aux quantités indiquées sur les boîtes. Ajouter un peu de tomate concentrée, réduire et passer au chinois.

Faire ensuite monter la sauce avec un peu de beurre et de la truffe hachée.

Préparer la présentation : une fois les noisettes d'agneau cuites – 5 mn pour une cuisson rosée, 10 mn pour qu'elles soient bien cuites – disposer les trois noisettes d'agneau, intercaler les quenelles de purée d'artichaut et les navets. Poser le fois gras poêlé au-dessus et napper avec la sauce périgueux.

*115, rue Saint-Lazare
75008 Paris
tel : 01.43.87.50.22*

MOLLARD

C'est une brasserie presque comme les autres. Bâtiment tout en longueur, larges auvents rouges, baies vitrées, spécialités de fruits de mer et de poissons : vu de l'extérieur le restaurant ressemble à ses confrères du quartier Saint-Lazare. Derrière la lourde porte de l'établissement Mollard se cache pourtant un décor Art nouveau d'une finesse rare.

L'histoire a commencé simplement : Louis Mollard et sa femme quittent la Savoie en 1867 pour Paris. Pas auvergnats pour deux sous, le couple ouvre cependant un « bougnat » dans un petit local, ancien relais de postes. Madame sert des boissons chaudes derrière le zinc pendant que Monsieur vend du bois et du charbon. Les travaux de la nouvelle gare de l'Ouest, comme on l'appelle alors, sont achevés et les premiers grands magasins ouvrent leurs portes. Les environs de la gare deviennent un lieu de rencontres pour les affaires, les grands magasins attirent une nouvelle clientèle venue de Paris et d'ailleurs et les Mollard font fortune. Désireux d'agrandir leur établissement, ils font appel à l'architecte de l'*Hôtel du Palais* de Biarritz, du salon de thé *Angelina*, et du *Casino de Paris*, Édouard Niermans, pour réaliser les travaux d'intérieur de leur nouvel établissement, une brasserie.

Phénomène courant à cette époque, les brasseries, auparavant obscures et sans gaieté, deviennent de véritables joyaux architecturaux. Le célèbre architecte métamorphose donc *Mollard* : les murs sont ornés de marbre et de mosaïques figuratives qui représentent des végétaux et des poissons, des cabochons de pâte de verre sont incrustés sur fond d'or, tels de véritables bijoux. Des panneaux en céramique de Sarreguemines y révèlent des bribes d'histoire du début du XXe siècle : les liaisons ferroviaires entre la gare Saint-Lazare et Saint-Germain-en-Laye, Trouville et Ville-d'Avray, ainsi que, plus métaphoriquement, deux femmes en costume traditionnel représentant l'Alsace et la Lorraine, tandis qu'un dernier panneau témoigne de la vie dissolue du peintre Toulouse-Lautrec, célèbre client de la brasserie.

Par un heureux hasard de l'histoire, le décor a été totalement préservé : au lendemain de la première guerre mondiale, l'établissement est déserté et les enfants Mollard décident de recouvrir ses murs de miroirs, très à la mode à l'époque, dissimulant ainsi les mosaïques et les panneaux en céramiques. Les nouveaux propriétaires sont loin de soupçonner les merveilles de l'endroit en reprenant la brasserie en 1929. À sa retraite, en 1963, Émile Saison, entré commis en 1907 et devenu directeur de la brasserie, confie à ses enfants qu'il existe chez Mollard un trésor. Un miroir brisé un beau jour par mégarde finit par révéler le coin d'une des céramiques oubliées depuis près d'un demi-siècle. Après dix années de travaux, la brasserie retrouve son allure Art nouveau. Elle a été classée par les Monuments Historiques en 1987.

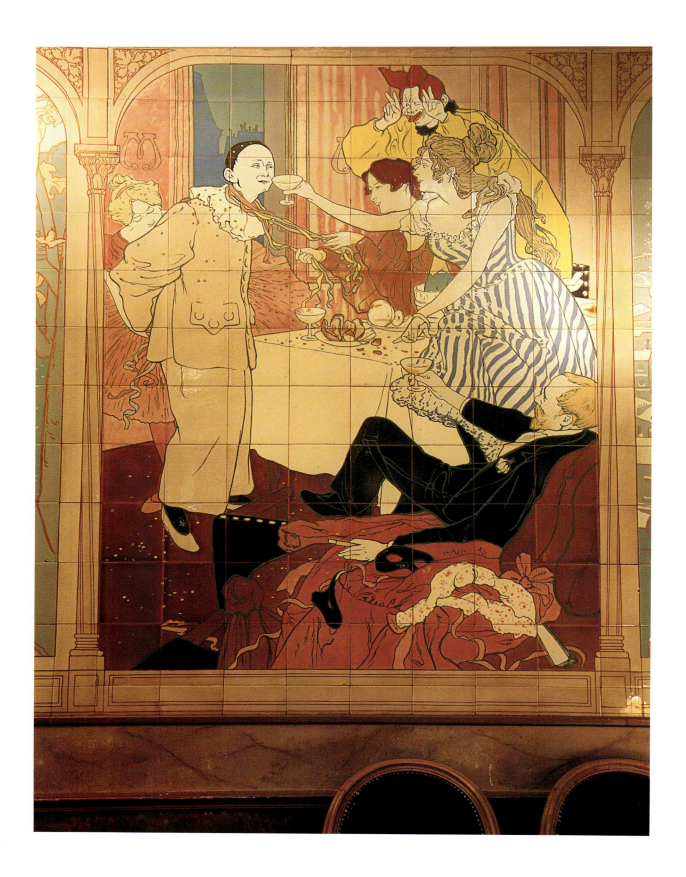

ROGNONS FLAMBÉS AU COGNAC

Ingrédients

pour 4 personnes

800 g de rognons de veau
20 g de beurre
3 cuillères à soupe de crème fraîche épaisse
1/4 botte de persil plat
3 cuillères à soupe de cognac
Sel, poivre du moulin

Progression

Préparer les rognons : les couper en morceaux. Dans une poêle, faire mousser le beurre puis le clarifier en retirant le dépôt blanc. Y saisir les rognons 2 mn de chaque côté, puis les réserver au chaud. Jeter le gras de cuisson. Remettre les rognons dans la poêle, ajouter le cognac et faire flamber. Ajouter ensuite la crème fraîche, puis décoller les sucs avec une spatule. Laisser chauffer à feu doux 2 mn, assaisonner.
Dresser : répartir les rognons dans les assiettes et les saupoudrer de persil plat préalablement lavé et ciselé.

9ème Arrondissement & 10ème Arrondissement

*12, Boulevard des Capucines
75009 Paris
tel : 01.40.07.36.36*

LE CAFÉ DE LA PAIX

Une douce élégance fin de siècle règne dans ce café-restaurant raffiné où dorures, argenteries et mobilier Empire envoûtent le visiteur et le plongent dans le Paris de Napoléon III.

Les frères Pereire, financiers favoris de l'Empereur, entreprennent vers 1850, pendant la bouillonnante époque haussmannienne, la construction d'un hôtel au nord des anciennes fortifications de Paris, dont la vocation est d'accueillir l'élite des voyageurs internationaux à l'approche de l'exposition universelle de 1887. Le chantier est confié à Alfred Armand, un architecte en vogue, qui fait appel aux meilleurs sculpteurs, peintres et décorateurs pour entreprendre un des fleurons de l'architecture du second Empire qui rivalisera plus tard avec son voisin, l'Opéra Garnier. À tel point que l'impératrice Eugénie, inaugurant les lieux, se serait exclamée devant le faste des lieux : « C'est exactement comme chez moi ; je me suis crue à Compiègne, ou à Fontainebleau ».

Tout ce que l'Europe et les Amériques compte de financiers, d'aristocrates, et d'industriels se presse dès lors dans le temple du bon goût parisien pour voir et être vu. La clientèle y est si élégante que, selon une gazette de l'époque, « les hommes de lettres ne s'y aventurent pas et les cocottes s'y sentent gênées ».

Le krach de la société des frères Pereire, en 1874, amène le bourguignon Arthur Million à reprendre le lieu, qui sera conservé par sa famille jusqu'en 1974. De grands chefs, tels qu'Escoffier, Ninon ou Vignon, font rêver une clientèle toujours aussi cosmopolite mais parmi laquelle artistes et hommes de lettres sont à présent les bienvenus. Émile Zola y fait d'ailleurs mourir sa Nana, Guy de Maupassant y a ses habitudes, et on peut s'imaginer Oscar Wilde contempler la foule se pressant sur les grands boulevards.

Le Café de la Paix occupe une grande partie du rez-de-chaussée de l'imposant hôtel où se croisent encore le show-business, les têtes couronnées et le monde des affaires.

Les plafonds à caissons, classés à l'Inventaire des Monuments Historiques, ont gardé tout leur lustre, et sont soulignés, ici et là, par de petits angelots fumant ou s'enivrant joyeusement.

De grands piliers en marbre clair viennent rythmer avec élégance les volumes aux belles proportions, tandis que le bois sombre du mobilier Empire, en acajou et en ébène, s'impose avec discrétion et plonge le spectateur dans une atmosphère ouatée, loin de l'animation de la place de l'Opéra.

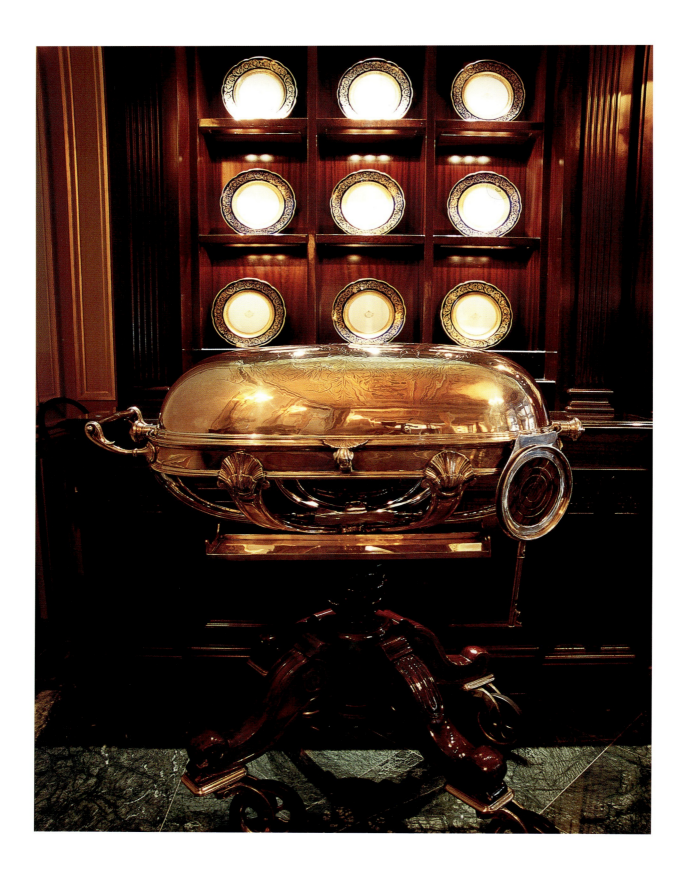

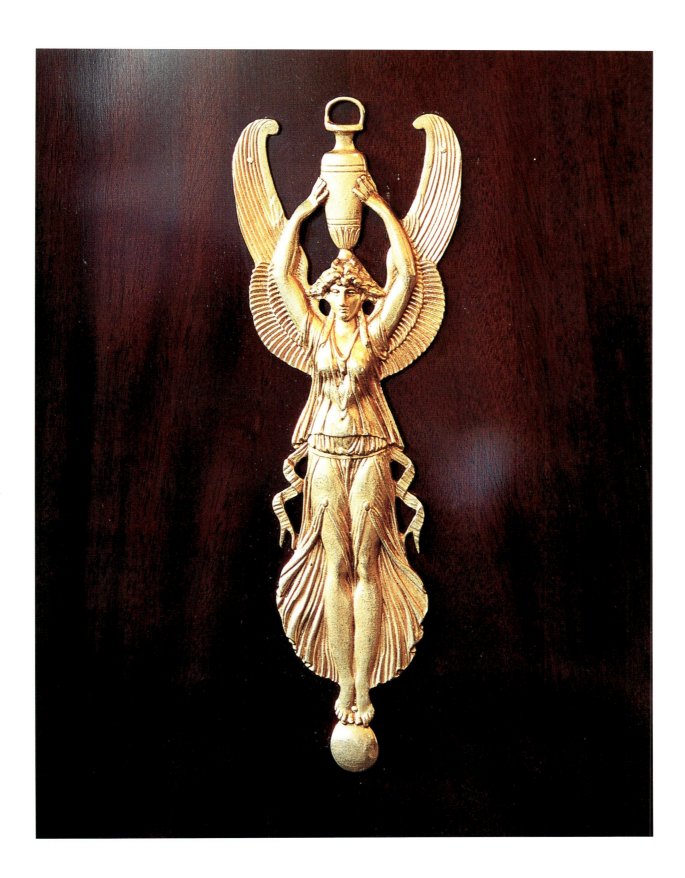

ROUGETS RÔTIS À LA MOELLE
petits légumes

Ingrédients

pour 4 personnes

4 beaux rougets
200 g de moelle décortiquée
200 g de crosnes
400 g de pleurotes
1/2 botte de persil
3 branches de thym
1/2 gousse d'ail
5 dl de jus de volaille
Sel, poivre du moulin

Progression

Faire lever les filets des rougets par le poissonnier.
Les assaisonner, puis les poêler avec un peu d'huile d'olive 2-3 mn, l'intérieur doit être mi-cuit mais chaud. Réserver au chaud.
Laver les pleurotes, bien les sécher. Leur faire perdre leur eau dans une poêle puis ajouter l'ail, le beurre et le persil. Réserver.
Laver les crônes, les poêler 15 mn environ avec de l'huile, du beurre. Assaisonner, ajouter le thym effeuillé et réserver.
Poêler la moelle sans matière grasse 1 mn environ.
Dresser : mettre les légumes au fond de l'assiette, poser le filet de rouget dessus, napper du jus de volaille réchauffé, et enfin de la moelle. Assaisonner.

25, rue Le Peletier
75009 Paris
tel : 01.47.70.68.68

AU PETIT RICHE

Des petits, des moyens et des grands riches, *Le Petit Riche* n'accueillait, lors de sa création en 1854, que les premiers.

Tandis que bourgeois, hommes politiques et acteurs se prélassent sur les banquettes du *Café Riche* situé sur les grands boulevards, cochers, machinistes et employés de l'Opéra viennent trouver refuge dans ce petit bistrot de la rue Le Peletier.

Ravagé par un incendie en 1873, le bistrot renaît de ses cendres en 1880 grâce à un nouveau propriétaire de souche vouvrillonne doté d'une affection bien particulière pour les vins. Une multitude de salons en enfilade permet dorénavant de recevoir une clientèle prospère dans un cadre devenu plus agréable et chaleureux.

Dès lors, hommes d'affaires, boursiers, commerçants de tous genres, hommes de théâtre et spectateurs se pressent pour déguster une nourriture bourgeoise arrosée de Bourgueil, Anjou, Vouvray ou Chinon, comme l'indiquent aujourd'hui encore les belles lettres dorées peintes sur le bois sombre de la façade.

Prospère, le restaurant s'agrandit de quarante couverts en 1920 en reprenant les anciennes écuries de M. de Rotschild, situées au 19 de la rue Rossini.

Le charme de l'endroit reste intact depuis, avec ses petits et grands salons, ses canapés en velours pourpre, ses vitres et ses miroirs finement gravés. La belle salle du fond, avec son haut plafond, son lustre, ses lourds rideaux rouge foncé et or, ses vieux tableaux et affiches de caricaturistes, reste aujourd'hui le cadre idéal pour les discussions enflammées des journalistes et politiciens.

Le bar où patientent les retardataires a lui aussi conservé son plafond peint, son carrelage à motifs géométriques et sa sélection de bons vins.

ANDOUILLETTE RÔTIE AU VOUVRAY

Ingrédients

pour 4 personnes

4 andouillettes
15 cl de Vouvray ou de Chinon
15 cl de jus de viande
1/4 de botte de persil plat
75 g de beurre
Sel, poivre

Progression

Piquer les andouillettes avec une fourchette pour qu'elles n'explosent pas. Faire chauffer deux noix de beurre dans une poêle, retirer le dépôt blanc. Saisir ensuite les andouillettes environ 10 mn en les retournant. Gratter les sucs avec une spatule.
Disposer les andouillettes dans un plat allant au four, ajouter le jus de viande et 1/2 verre d'eau, enfourner dans un four préchauffé à 180°C et laisser cuire environ 25 mn.
Sortir du four, réserver les andouillettes. Récupérer le jus de cuisson et y incorporer le beurre restant en morceaux, en fouettant pour que la sauce devienne mousseuse. Assaisonner.
Dresser en nappant les andouillettes de la sauce et en saupoudrant de persil ciselé.

7, cour des Petites Écuries
75010 Paris
tel 01.47.70.13.59

FLO

Monsieur Floderer a fui l'Alsace pour mieux la recréer à Paris, mais idyllique, pacifique et opulente.

Tandis qu'il se promène en 1909 rue des Petites Écuries, il tombe sous le charme d'une curieuse taverne perdue au milieu des vieux pavés : un ancien dépôt de bière reconverti en brasserie en 1901, *Hans*.

Plafonds, boiseries, cuivres, coffrages, vitraux : Floderer – qui rebaptise sa brasserie, *Flo*, dès 1914, son nom n'inspirant pas que de la sympathie en ces périodes troubles – fait ressortir dans ce lieu en clair-obscur toute sa nostalgie d'une Alsace perdue.

Il confie à des compatriotes, Hoffman et Sternfeld, les vitraux qui illuminent aujourd'hui encore discrètement les beaux plafonds à caissons ornés ce délicates fresques vert et or. Motifs floraux et éléments architecturaux s'y entremêlent pour mettre en avant les plaisirs de la table tandis que de petits panneaux de bois peints et décorés de motifs représentant des jeux de société contrastent avec des boiseries ornées de mufles et de monstres dorés.

La grande frise de la première salle, courant tout le long du mur du fond, décrit – non sans humour – dans de chaudes tonalités un royaume perdu où toutes sortes de nains se livrent au brassage et à la confection de la bière. Tonitruants, vibrants, les petits monstres s'adonnent également avec plaisir et démesure à l'absorption de l'un des breuvages préférés de la brasserie.

La deuxième salle, plus bucolique, est laissée aux mains du peintre Marcel de Tangry qui y met en avant une Alsace verdoyante, sortie d'un conte pour enfants : collines, lacs, rivières et forêts se mélangent pour recréer une Alsace située à la frontière de la Forêt Noire et de la France.

Erich von Stroheim, et plus tard Alfred Hitchcock – *A Lady vanishes* – y verront un cadre parfait pour mettre en scène leurs intrigues, en noir et blanc.

SOLE FOURRÉE AUX ÉPINARDS

Ingrédients

pour 4 personnes

4 soles étêtées de 400 g
20 g de beurre
10 g d'échalotes
20 cl de fumet de poisson
500 g d'épinards
10 cl de vin blanc
4 fleurons
4 cl de crème fraîche
1 jaune d'œuf

Progression

Braiser les soles avec le fumet de poisson, 5 cl de vin blanc et les échalotes. Réserver et passer au chinois le fumet. Faire suer les épinards dans un beurre noisette 2 mn. Monter votre glaçage en rajoutant au fumet 5 cl de vin blanc et la crème fraîche dans une casserole et mélanger sans bouillir. Fourrer les soles et napper avec le glaçage. Passer votre préparation dans un four avec la chaleur au dessus et dorer.
Servir les soles avec un fleuron.

16, rue du Faubourg Saint-Denis
75010 Paris
tel : 01.47.70.12.06

JULIEN

Quatre jeunes filles, des fleurs, des stucs et du beau bois, telle pourrait être la recette de cette élégante brasserie Art nouveau de la rue Saint-Denis.

Ce distingué Bouillon – qui fit sans doute rougir par son faste et sa tenue la plupart de ses confrères – fut ouvert en 1904 dans un quartier populaire en pleine expansion, au lendemain des percées hausmanniennes à l'origine des grands boulevards que *Julien* jouxte, ou presque... S'y pressait alors une foule de curieux, bourgeois, commerçants ou badauds, qui viennent admirer le lieu et déguster une cuisine savoureuse.

L'élégance, le raffinement et l'imagination déployée pour créer cet univers où muses galantes, animaux et végétaux prennent possession de l'espace – des mosaïques du sol aux moulures et aux verrières surplombant la grande salle – pourraient presque donner l'impression au spectateur contemporain de se trouver dans une version gastronomique des jeunes filles en fleurs évoquées par Proust.

Quelques-uns des plus grands architectes et décorateurs de l'époque interviennent dans la réalisation du lieu : si le comptoir en acajou de Cuba, déployant ses lignes souples le long du bar, est attribué à Louis Majorelle, le chef-d'œuvre de cette brasserie demeure néanmoins ces quatre jeunes femmes en fleur peintes sur pâte de verre, incrustées de cabochons et de perles, et réalisées par Louis Trézel. Très largement influencé par le tchèque Alphonse Mucha, celui-ci investit le thème des quatre saisons pour orner ces Grâces de fleurs et de pierres multicolores. Des entrelacs de végétations, lys, ronces, lierres, viennent enserrer et habiller ces dames que deux paons encerclant le vaste miroir du fond et incrustés de pierres mordorées renvoient très vraisemblablement à leur propre vanité.

CAVIAR DE COCOS DE PAIMPOL

Ingrédients

pour 4 personnes

1 kg de coco de Paimpol A.O.C entières ou 400 g écossés
1 l de bouillon de volaille
2 carottes
1 oignon
Thym, laurier
1/2 botte de persil plat
2 gousses d'ail
3 cuillères à soupe d'huile de sésame
Une pincée de piment de Cayenne
1 jus de citron
Sel, poivre du moulin

Progression

Écosser les cocos de Paimpol et les faire cuire dans le bouillon de volaille avec les carottes, l'oignon, le thym et le laurier pendant 30 mn. Saler et poivrer en fin de cuisson.
Égoutter les cocos et les mixer pour obtenir une purée.
Ajouter le jus de citron et l'ail haché.
Émulsionner la préparation avec l'huile de sésame.
Saupoudrer de persil haché et d'une pincée de piment puis réserver au froid 2 h avant de servir.
Présenter le caviar de cocos accompagné de petits croûtons de pain de campagne.

*38, rue de l'Échiquier
75010 Paris
tel : 01.42.46.92.75*

LA TABLE DU PAVILLON

Il est incroyable d'imaginer que l'endroit, derrière cet élégant décor Art nouveau niché au-rez-de-chaussée d'un hôtel, fut un des pavillons de chasse du roi Henri IV.

Le « bon roi Henri » – surnommé ainsi pour sa passion de la chasse et des femmes – fit construire ce petit pavillon à la fin du XVIe siècle. Chasseurs et élégantes s'y rejoignaient alors pour se livrer à de longues agapes où l'on dégustait pâtés, gigues de chevreuil, civets de lapins, daubes de marcassins, cailles et palombes rôties...

Trois siècles plus tard, on retrouve en lieu et place une élégante brasserie aux accents Art nouveau où se presse une partie de la clientèle chic ou bourgeoise drainée par les grands boulevards.

Une grande verrière en verre blanc translucide entrecoupée de motifs floraux sur lesquels viennent se reposer de longs oiseaux bleus éclaire dorénavant la grande pièce toute en courbe. Le style, d'inspiration Art nouveau, se voit néanmoins assagi, plus paisible que celui ges Bouillons tels que *Julien* ou *Vagenende* où la nature est comme portée à ébullition. Comme un écho au *Jugendstil* viennois que l'architecte admire probablement, un beau volume compense l'absence des traditionnels stucs et entrelacs. Les courbes des portes ainsi que les boiseries en acajou ondulent doucement et viennent assouplir la régularité de la pièce. Les petites mosaïques du sol, finement réalisées, sont composées dans un style géométriques qui annonce le mouvement Art déco.

L'endroit est remarqué par des réalisateurs, de sorte que Romy Schneider viendra y tourner quelques scènes de *La Banquière*. Son calme et son charme sont particulièrement appréciés depuis près d'un demi-siècle par bon nombre de musiciens – jazzmen, rockers – qui viennent s'y reposer à la sortie de leurs concerts au *New Morning*, situé à quelques pas de là.

SAUMON GRILLÉ AU BEURRE BLANC

Ingrédients

pour 4 personnes

4 darnes de saumon
3 échalotes
1/2 oignon
1/2 gousse d'ail hachée
10 cl de vinaigre de vin blanc
200 g de beurre
1 bouquet de thym frais
2 cuillères à soupe d'huile d'arachide
Sel, poivre

Progression

Couper le beurre en morceaux.
Peler et hacher finement les échalotes et l'oignon, les mettre dans une casserole et ajouter le vin blanc. Faire cuire à feu très doux et bien remuer régulièrement avec une spatule en bois. Laisser cuire 10 mn environ à frémissement puis ajouter l'ail finement émincé.
Ajouter enfin le beurre progressivement, en fouettant constamment. Réserver dans une casserole au bain-marie à feu très doux.
Badigeonner les darnes d'huile d'arachide en se servant des branches de thym comme d'un pinceau. Faire chauffer un gril, y placer, lorsqu'il est bien chaud, les saumons.
Laisser cuire 2-3 mn de chaque côté. Bien vérifier la cuisson, la viande doit être chaude à l'intérieur mais bien rosée.
Dresser les darnes dans les assiettes en les nappant de la sauce au beurre blanc.

*23, rue de Dunkerque
75010 Paris
tel : 01.42.85.05.15*

LE TERMINUS NORD

Le Terminus Nord, conçu par Hittorf, propose un savoureux mélange de styles Art nouveau et Art déco qui contraste avec la gare du Nord, énorme monstre déversant son flot de voyageurs, de touristes et d'hommes d'affaires pressés.

On trouve à l'origine un vieux café, créé selon toute vraisemblance au début du XIXe siècle et transformé en brasserie en 1870 alors qu'Alsaciens et Lorrains migrent massivement vers Paris. La capitale voit alors fleurir un certain nombre d'établissements qui permettent à ses habitants de découvrir les coutumes gastronomiques de cette population en exil. *Le Terminus*, lieu de transit, offre alors au voyageur animation et dépaysement dans un cadre moderne et séduisant. La mélodie du piano mécanique, trônant encore au milieu de la la brasserie, s'accorde aux grandes fresques dédiées à la danse. On joue au billard en attendant le prochain départ vers Bruxelles ou Amsterdam, ou l'on déguste choucroutes et fruits de mer servis dans une atmosphère bruyante, joyeuse et enfumée.

Les grands volumes, les lignes droites et régulières de la salle principale sont sans conteste la marque du style Art déco. Les carrelages aux motifs géométriques, de même que les vastes baies et glaces recouvrant la plupart des murs, les biseaux, et la grande fresque aux danseuses, reprises sur les abat-jour, viennent couronner l'ensemble. Le plafond étonne également, avec ses moulures en forme de vague, et peut sembler comme une transition avec le style Art nouveau qui se découvre dans la brasserie.

On peut ainsi apercevoir un vitrail dont les motifs floraux, tout en courbes, sont la parfaite illustration de la marque de fabrique 1900, ou, plus loin, une gracieuse odalisque délicatement posée le long d'une table. Tout au fond enfin, à l'abri des regards et de la foule, un petit salon particulier se cache, propice aux conversations les plus privées, dans lequel on peut apprécier la lumière colorée diffusée par des vitraux à motifs floraux.

RAIE AU BEURRE NOISETTE

Ingrédients

pour 4 personnes

2 ailes de raie de 500 g chacune
1 court-bouillon
3 cuillères à soupe de câpres
125 g de beurre
1 cuillère à soupe de vinaigre de vin
Sel, poivre

Progression

Laver les raies à l'eau courante pour se débarrasser de leur viscosité.
Mettre à bouillir une grande casserole d'eau salée, y ajouter le court-bouillon.
À ébullition, ajouter les ailes de raies et laisser cuire à petit frémissement 12 mn environ. Retirer du feu délicatement. Les placer sur une planche, retirer leur peau, puis les réserver dans un four préchauffé à 130°C.
Dans une poêle à feu moyen, mettre le beurre à chauffer. Le laisser colorer jusqu'à ce qu'il soit bien noisette. Le retirer alors et le verser sur la raie. Ajouter ensuite le vinaigre dans la poêle quelques secondes, puis le rajouter aux raies. Renouveler l'opération avec les câpres, les parsemer sur les raies et servir bien chaud, éventuellement avec des pommes de terre vapeur.

11ème Arrondissement & 12ème Arrondissement

116, avenue Ledru-Rollin
75011 Paris
tel : 01.47.00.34.39

LE BISTROT DU PEINTRE

Crème de cassis, génépi, absinthe : à sa création en 1902, les propriétaires du *Café de la Palette Bastille* proposent aux artisans du quartier des liqueurs faites maison. Accoudés au bar, qui à l'époque occupe plus de la moitié de l'établissement, les habitués se retrouvent du petit matin jusqu'au soir sous l'œil complice des angelots légèrement ivres peints au plafond. En cercle dans les nuages, ils tiennent chacun une bouteille dans leurs mains .

Le Tout-Paris du début du XXᵉ siècle accourt à la Bastille pour s'y divertir dans les théâtres, cafés-concerts et cabarets. Artistes et amateurs d'arts s'y installent au moment où l'Art nouveau bourgeonne dans le quartier. Au *Café de la Palette Bastille*, de grandes arabesques de bois inspirées d'éléments végétaux découpent les vitres biseautées de la devanture. Au fond du bistrot, les muses du Printemps et de l'Été peintes sur des céramiques aux teintes pastel ensorcellent de leurs charmes le visiteur attablé. Les cheveux de ces femmes inspirées des modèles de Botticelli courent tels des lianes jusqu'au sol, tandis que leurs gracieux chignons de fleurs attirent les papillons.

Les panneaux de céramique évoquant l'Automne et l'Hiver n'ont pas résisté au temps mais la façade du restaurant a été classée à l'Inventaire des Monuments Historiques. En 1987, la palette retrouve son pinceau et l'établissement est renommé *Le bistrot du Peintre*. La rénovation du lieu n'entame pas son esprit et les vestiges de l'Art nouveau sont restaurés. Le vieux zinc en étain, moins grand qu'à l'origine, est remis à neuf dans le plus pur style d'autrefois, et les habitués – artistes et journalistes entre autres – viennent aujourd'hui y déguster les vins sélectionnés par le nouveau propriétaire.

CARPACCIO DE SARDINES CRUES
à la mozzarella di bufala

Ingrédients

pour 4 personnes

8 sardines
200 g de mozzarella de bufala

Pour la marinade :
10 cl d'huile d'olive
10 cl de citron vert
50 g de sucre en poudre
10 cl de vinaigre de vin
1/2 botte d'aneth et de basilic hachés

Pour le pistou :
25 cl d'huile d'olive, 1 botte de basilic
2 gousses d'ail
2 échalotes
50 g de pignon de pin

Progression

Mélanger dans un plat creux l'ensemble des ingrédients de la marinade.
Lever les filets de huit sardines (ou le demander au poissonnier), les couper en deux. Les mettre dans la marinade pendant 48 h.
Préparer le pistou en mixant l'ensemble des ingrédients.
Dresser les sardines sur une assiette en les intercalant avec de fines tranches de mozarella. Dresser une salade verte au centre, assaisonner avec une pointe de vinaigre balsamique, 1 rondelle de citron vert .
Arroser le tout du pistou et de sel de Guérande

114, rue Amelot
75011 Paris
tel : 01.43.55.87.35

LE CLOWN BAR

1907. Derrière le boulevard du Faubourg-du-Temple, surnommé à l'époque boulevard du Crime, à deux pas du Cirque d'Hiver, un négociant en vins cède la place à un café. Cette année-là, au palais des mille et une nuits, les globes électriques ont remplacé les lustres à gaz et animaux et trapézistes ont fait place aux cinémas. Outre les habitués du quartier, cette attraction très populaire pendant plus de dix ans a certainement permis au *Clown Bar* de se constituer une clientèle régulière.

Passion du propriétaire ou volonté de mettre son établissement au goût du jour dans ce quartier de forains, l'histoire ne le dit pas. Mais en 1919, au moment où Firmin Gémier organise au Cirque d'Hiver des spectacles combinant jeux athlétiques, danses et chants, le cirque fait son entrée au *Clown Bar*, dans un décor Art nouveau. Sur une frise de céramique dans les tons jaunes rouges et verts réalisée par la manufacture de Sarreguemines, clowns et augustes font leur numéro devant des spectateurs représentés en ombres chinoises.

Voisin du Cirque d'Hiver, le *Clown Bar* a été un lieu de rencontres pour de célèbres forains comme les Fratellini, Achille Zavatta ou encore les frères Bouglione. Les artistes du Cirque du Soleil ou de la troupe Archaos s'y sont aussi arrêtés. Des affiches collées au plafond dans la deuxième salle de l'établissement rendent hommage aux spectacles de ces artistes de renom.

Depuis l'arrivée, il y a quinze ans, du cinquième propriétaire du lieu, *Le Clown Bar* s'est agrandi. Sous un ciel étoilé, observés par les clowns du sculpteur et voisin Jean-Marie Pigeon, les curieux attablés dans ce nouvel espace dégustent les vins du Languedoc sélectionnés avec soin par leurs hôtes.

BOUDIN AU FOUR, PURÉE MAISON
pommes croquantes

Ingrédients
pour 4 personnes

600 g de boudin noir béarnais
400 g de pommes de terre
80 g de beurre
1 pincée de piment d'Espelette
sel et poivre du moulin
2 pommes (Canasta, Golden)

Progression

Laver et éplucher les pommes de terre, les cuire dans une grande casserole recouvertes d'eau salée froide. Compter 20 à 30 mn de cuisson selon la taille.
Les égoutter et passer au moulin (ou écraser à la fourchette), y incorporer l'ensemble du beurre en petits morceaux. Saler et poivrer. Réserver.
Retirer la peau du boudin, le couper en fines tranches de 5 mm d'épaisseur. Diposer les rondelles au fond de quatre petits moules anti-adhésifs, recouvrir avec la purée.
Passer dans un four préchaufé (220°C) 10 bonnes minutes. Démouler sur chaque assiette.
Servir avec quelques rondelles de pommes fraîches, ou compotées selon vos envies.

116, avenue Ledru-Rollin
75011 Paris
tel : 01.43.67.68.08

UNICO

Paris est riche d'un important patrimoine architectural qui comprend, entre autres, des fonds de commerce du XIXe et du début du XXe siècle : on trouve encore bon nombre de vieilles boucheries, crèmeries, ou d'anciens ateliers industriels dans les rez-de-chaussée des immeubles haussmanniens ou 1900. Depuis près de vingt ans, il n'est pas rare de voir ces lieux de mémoire rénovés et transformés, éventuellement en café ou en restaurant.

Les créateurs de l'*Unico*, un restaurant argentin situé rue Paul Bert, ont adopté une démarche similaire mais s'inscrivant dans une époque radicalement différente. Renonçant au charme légèrement désuet des plafonds peints fixés sous verre, des étagères en bois et des lampes Art nouveau, ils ont décidé d'installer leur établissement dans une boucherie des années 70, privilégiant la couleur, une touche de psychédélisme et une pointe d'humour tout en insufflant un esprit contemporain à travers une sélection pointue de mobilier design.

Le petit commerce de viande qui voit le jour au début des années 70 à quelques pas de la rue du Faubourg Saint-Antoine est en effet décoré selon les goûts qui prévalent à l'époque : des formes géométriques en aluminium viennent orner les pourtours de la devanture, de grosses lettres orange la surmontent et viennent indiquer la nature et le nom du commerce, tandis que les murs intérieurs sont parés de carrelages marron qui se mêlent aux luminaires orange.

Marcelo Joulia et Enrique Zanoni, les nouveaux arrivants - le premier est architecte, le second photographe - ont souhaité conserver autant que possible le côté boucherie rétro : ils ont ainsi laissé telles quelles les céramiques et la façade, de même que les frigos, billots et crochets qui ornaient les lieux, tout en y adjoignant du papier peint vintage à motifs géométriques vert et jaune. L'orange, couleur initiale, s'est propagé sur les piliers du restaurant et a également servi de base à la charte graphique à partir de laquelle ont été conçus le logo et les menus.

Les deux associés ont enfin déniché, pour y faire dîner leurs convives, un assemblage de fauteuils et de banquettes Eames, une table en verre de Norman Foster et un lot de fauteuils d'esprit scandinave. Dans cette ambiance décalée et réjouissante, les clients peuvent découvrir les saveurs simples et généreuses de la cuisine argentine, et plus particulièrement de ses viandes.

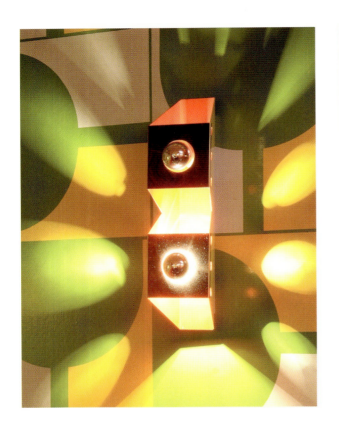

EMPANADAS DE BŒUF COUPÉ AU COUTEAU

Ingrédients

pour 6 personnes

250 g de farine
1/2 cuillère à café de thym
1 cuillère à café de beurre
1/4 cuillère à café de poivre blanc
1/2 tasse de lait
1 cuillère de sel
1/2 cuillère à café de sucre
50 g raisins de Corinthe
1 jaune d'oeuf
3 cuillères à soupe de bouillon
500 g d'oignons hachés
2 oeufs cuits durs
250 g de viande de boeuf argentin coupé au couteau
olives selon les goûts
1 cuillère à café de piment doux

Progression

Préparer la pâte en formant un puit avec la farine dans lequel on y mettra le beurre fondu, le lait, le sucre et le jaune d'oeuf. Pétrir le tout pour obtenir une masse élastique puis étendre la pâte finement pour y découper des disques d'environ 12 cm de diamètre. Faire revenir les oignons hachés avec le beurre dans une marmite. Ajouter la viande coupée au couteau et faire cuire à feu doux en mélangeant. Assaisonner avec le piment, le thym et le poivre blanc. Ajouter le bouillon et mélanger le tout un instant puis retirer du feu. Ajouter les raisins de corynthes et les olives à la farce puis mettre au réfrigérateur 1 à 2 heures. Au moment de préparer les empanadas on ajoutera les œufs durs découpés en petits morceaux. Déposer un peu de farce sur chacun des disques de pâte. Humidifier légèrement le contour de la pâte avec de l'eau, refermer le disque en forme de demi-lune et pincer les bords pour qu'ils adhèrent. Pour refermer les empanadas, les pincer délicatement avec les doigts. Faire frire les empanadas dans un mélange d'huile et de saindoux jusqu'à ce qu'elles soient dorées.

1, rue Antoine Vollon
75012 Paris
tel : 01.43.43.06.00

LE SQUARE TROUSSEAU

En face du square Trousseau, et installé dans la rue Antoine Vollon – construite sur les ruines de l'ancien Hospice des Enfants trouvés détruit au début du XXe siècle – un petit « café-brasserie » ouvre ses portes en 1907. Artisans et ouvriers, traditionnellement installés près du faubourg Saint-Antoine, s'y retrouvent pour jouer au billard, discuter et boire un verre.

Le décor de l'établissement, imperméable aux exubérances de l'Art nouveau qui sévit alors à Paris, est sobre mais chaleureux, le mobilier fonctionnel. La devanture est en bois foncé avec des vitres biseautées, les murs de couleur crème s'accordent avec les moulures classiques qui ornent le plafond, le sol recouvert de mosaïque de marbre accueille des tables en bois.

Attirées par « l'exotisme » de ce quartier populaire réputé pour ses « mauvaises fréquentations » et ses rebellions historiques, de nombreuses stars comme Mistinguett ou Jean Gabin viennent s'encanailler gentiment entre les deux guerres dans ce café du faubourg.

Les années cinquante voient les artisans et ouvriers délaisser leurs ateliers pour rejoindre des banlieues moins chères. Place est donc faite aux galeries d'art, peintres, sculpteurs et musiciens qui investissent les lieux et fréquentent le café du *Square Trousseau* avant qu'il ne devienne en 1986 un véritable restaurant. Révolue l'époque du billard et des titis parisiens : le bar déplacé dans la petite partie du restaurant est réduit de moitié, tandis que la clientèle devient chic et bohème – stars de la chanson, du cinéma, artistes et créateurs en tout genre y ont établi leurs quartiers.

S'il subsiste nombre d'éléments du décor d'origine – le cadre de la devanture, les panneaux en bois du bar, le sol en marbre sont d'époque – la rénovation du reste des lieux a été réalisée dans le plus grand respect de l'architecture du début du XXe siècle au point qu'il est quasiment impossible de distinguer le neuf de l'ancien. Le charme de l'endroit, son calme et sa terrasse en font un lieu de tournage privilégié pour de nombreux réalisateurs.

FIGUES RÔTIES, SAUCE CHOCOLAT ET GLACE VANILLE

Ingrédients

pour 4 personnes

1 plaquette de chocolat à cuire
1/2 brique de crème fleurette
12 figues (3 par personne)
glace à la vanille
25 g de beurre
4 ramequins à oreilles

Progression

Faire préchauffer le four à 180°.
Pendant ce temps, faire fondre le chocolat au bain-marie.
Une fois fondu, ajouter la crème fleurette.
Entailler les figues, glisser une noix de beurre au centre de chaque fruit et faire cuire 5 mn.
Recouvrir le fond de chaque ramequin avec le chocolat fondu. Poser les figues dessus (3 dans chaque) en laissant un espace au milieu pour une boule de glace à la vanille.

*Gare de Lyon
75012 Paris
tel : 01.43.43.09.06*

LE TRAIN BLEU

« Cet endroit est un musée, mais on l'ignore. Les temps futurs le classeront », disait Jean Giraudoux à son propos. L'histoire lui a donné raison.

Soucieuse d'impressionner les futurs visiteurs venus de l'Europe entière pour l'Exposition Universelle de 1900, la compagnie ferroviaire Paris-Lyon-Méditerranée demande à l'architecte Marius Toudoire d'aménager le buffet de la Gare de Lyon.

Chef d'œuvre de l'art Pompier, les deux salles voûtées d'une hauteur vertigineuse sont ornées d'exubérantes sculptures et moulures en stuc doré réalisées par Édouard Lefèvre, envahies de guirlandes, de feuillages, de mufles de lion, et de nudités. « Des sirènes, cariatides de fantaisie ne soutiennent dans cette architecture que le rêve du voyageur » raconte Louise de Vilmorin en évoquant les tableaux représentant les destinations desservies par les trains de la Gare de Lyon – Antibes, Beaulieu, Hyères ... peints par trente artistes différents, tels qu' Allègre, Latouche, Rigolot, ou Veyson. Véritables morceaux de bravoure, les plafonds du salon doré peints par Flameng, Dubufe et Maignan célèbrent sous une forme à la fois naturaliste et allégorique les trois grandes villes du réseau : Paris, Lyon et Marseille. Ces toiles, représentant des contrées luxuriantes où le ciel est toujours clair, la mer bleue et les femmes élégantes, sont une invitation au voyage et à la rêverie, selon le souhait des compagnies ferroviaires mécènes du projet.

Émerveillé par tant de faste et d'opulence, le Président du Conseil de l'époque, Émile Loubet, inaugure l'endroit le 7 avril 1901. Installés sur les banquettes d'okoumé et de cuir brun que l'on imaginerait aisément dans un wagon de première classe du début du siècle, Réjane, Sarah Bernhardt, Edmond Rostand, Colette, puis Jean Gabin ou encore Dali ont passé de nombreux moments dans ce lieu insolite niché au cœur de la gare de Lyon.

Sauvé de la démolition au lendemain de la seconde guerre mondiale, l'endroit devenu alors un entrepôt, est rénové en 1968 par son nouveau propriétaire Albert Chazal. Appelé *Train Bleu* en hommage au célèbre Train « Paris-Vintimille », le décor intact de cet incroyable espace a été classé Monument Historique par André Malraux en 1972.

FOIE GRAS DE CANARD CONFIT À L'ANCIENNE

Ingrédients

pour 4 personnes

2 lobes de foie gras de 400 g
1 l de graisse de canard clarifiée
13 g de sel de Guérande
4 cl de cognac
8 tranches de pain de campagne

Progression

Dénerver et enlever à l'aide de la pointe d'un couteau les parties sanguinolentes et vertes sur le foie gras, l'assaisonner de sel de Guérande et du poivre du moulin. Ajouter le cognac, mettre au frais une nuit.
Cuisson : faire chauffer la graisse de canard clarifiée à 100°C, la laisser retomber à 70°C, maintenir cette température pendant toute la cuisson. Plonger les lobes de foie gras de canard dans cette graisse les retourner de temps en temps, laisser cuire 20 mn. Retirer les lobes et les mettre à égoutter sur une grille. Mouler les foies gras dans un papier film et leur faire prendre une forme cylindrique, laisser durcir au réfrigérateur, enlever le papier film du foie gras. Les mettre dans une terrine et recouvrir complètement de la graisse clarifiée. Conserver au réfrigérateur une dizaine de jours.
Enlever la graisse autour du foie gras et couper en tranches épaisses (1cm). Ajouter sur ces tranches un peu de fleur de sel de Guérande et mignonnette de poivre. Servir à part le pain de campagne toasté.
On peut servir une purée de coings ou de figues en accompagnement.

14ème Arrondissement

15ème Arrondissement

108, Boulevard du Montparnasse
75014 Paris
tel : 01.43.35.25.81

LE DÔME

Il est le plus ancien témoin de la vie des montparnos, ces artistes ayant fait la notoriété de Montparnasse jusqu'à la seconde guerre mondiale.

Le Dôme ouvre ses portes en 1897, alors que peintres et écrivains attirés par l'Exposition Universelle de 1889 et l'effervescence de Montmartre délaissent la butte pour s'installer au carrefour Vavin, un quartier plus populaire au centre de la capitale. Autour d'Apollinaire, Gauguin et Matisse, *Le Dôme* accueille toute la bohème cosmopolite de l'époque : de Lénine et Trotsky, exilés politiques, aux artistes bulgares, italiens ou encore espagnols, nombreux sont ceux qui viennent partager l'ambiance trépidante de l'endroit.

Le Dôme est pendant les Années Folles l'un des lieux les plus à la mode de la capitale. « En ces temps-là, beaucoup de gens fréquentaient les cafés du carrefour Montparnasse-Raspail pour y être vus » raconte d'ailleurs Ernest Hemingway dans son ouvrage *Paris est une fête*. La seconde guerre mondiale met pourtant un terme à ces moments de gloire et plonge pendant quelques années *Le Dôme* dans l'indifférence.

Rénové au début des années 70 dans un esprit Art déco, la brasserie retrouve son élégance boisée et une nouvelle clientèle. Témoin des longues heures passées dans le lieu par Picasso, Modigliani ou encore Braque à la période faste, l'horloge aux lignes géométriques est toujours suspendue au milieu du plafond. Comme un autre souvenir des Années Folles, les photos de tous les clients célèbres de l'endroit, achetées aux collectionneurs Roger-Viollet et Marc Vaux accompagnent le visiteur, curieux de se replonger dans l'ambiance du Montparnasse de la première partie du siècle.

Depuis le début des années 80, *Le Dôme* compte parmi les restaurants de poissons les plus fameux de la capitale. Cantine des éditions *Albin Michel* situées juste à coté, c'est également le repaire de nombreux députés et sénateurs. François Mitterrand, grand amateur de rouget, y venait très régulièrement. Le peintre Jean Carzou a également été pendant longtemps un habitué des lieux, une de ses toiles offerte au restaurant et encore visible aujourd'hui en témoigne.

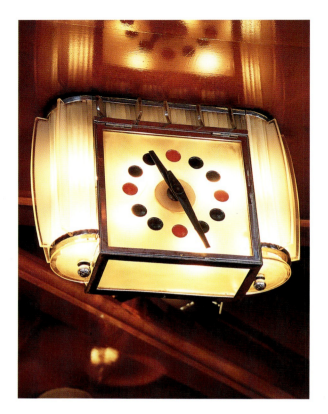
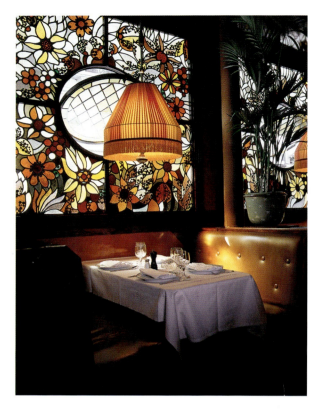

TRONCONS DE TURBOT, SAUCE HOLLANDAISE

Ingrédients

pour 4 personnes

350 g de tronçon de turbot par personne
Huile d'olive
Fleur de sel

Pour la sauce hollandaise :
3 œufs frais
200 g de beurre clarifié
1 citron
5 cuillérées à soupe de vin blanc sec
1 échalote hachée
poivre de Cayenne

Progression

Mettre l'échalote ciselée, le vin blanc et le jus de la moitié du citron à cuire dans une sauteuse à fond épais jusqu'à ce que le liquide se soit évaporé. Laisser refroidir. Faire fondre le beurre à feu doux.
Mettre la sauteuse dans l'eau d'un bain-marie, rajouter les jaunes et mélanger énergiquement avec un fouet. Incorporer le beurre hors du feu peu à peu, saler, poivrer, incorporer selon le goût une pincée de poivre de Cayenne puis passer la sauce au chinois.
Passer les tronçons dans l'huile d'olive, et parsemer de la fleur de sel.
Sur le gril d'un four, faire cuire en premier lieu les tronçons coté chair blanche trois mn. Puis faire cuire les 3 côtés restants trois mn chacun.
Napper les tronçons de la sauce hollandaise.

*4, rue d'Alleray
75015 Paris
tel : 01.48.42.48.30*

JE THÉ...ME

Derrière ce nom énigmatique se cache le plus simplement du monde une déclaration d'amour au thé qui y fut servi avant que le lieu ne devienne un restaurant.

« Desserts, Cognac Dubouché & Cie, Thés, Champagnes, La Françoise Grande Liqueur, Vins fins, Spécialités de Cafés », les vieilles lettres dorées gravées dans le marbre noir ont traversé le siècle, depuis la création en 1904 de ce qui fut une épicerie fine.

On afflue alors des rues de la Convention, de Vaugirard et du Commerce dans la petite échoppe où ces dames du quartier se retrouvent pour converser et se fournir en *delicatessen* et autres produits fins venus d'ici et d'ailleurs. Petits producteurs de liqueurs, de charcuteries et de conserves de qualité y trouvent de leur côté un relais de confiance pour écouler les productions familiales et artisanales en dehors des circuits *Félix Potin*. Les petites étagères en bois fin verni qui recouvrent l'ensemble de la pièce sont alors richement fournies en vins et spiritueux, thés, cafés, pâtés, confitures et épices diverses...

Les débuts de la grande distribution – peut-être liés à une absence de successeur – sont venus à bout de la petite boutique, remplacée dans les années 70 par un salon de thé. Il faut attendre 1989 pour que le nouveau et actuel propriétaire transforme l'établissement en restaurant, en préservant et mettant en avant la mémoire des lieux, inscrit depuis à l'Inventaire des Monuments Historiques.

Les petites étagères et leurs inscriptions accueillent dorénavant un ensemble assez hétéroclite de vieilles boîtes à thé et à café en porcelaine ou faïence blanche méticuleusement chinées ici et là. Quelques barbotines animalières surplombent deux toiles bretonnes voisinant avec une importante et sympathique collection de vins et liqueurs à déguster en fin de repas, pour le plus grand plaisir de la classe politique qui vient, tous bords confondus, s'y retrouver régulièrement.

POÊLÉE DE SAINT-JACQUES
aux légumes croquants

Ingrédients

pour 4 personnes

800 g de Saint-Jacques
Huile d'olive
20 g de beurre
1 courgette
1 poivron
2 feuilles de chou
1 aubergine
2 tomates
2 poireaux
1 oignon
Bouquet garni de sariette, persil, laurier, thym, origan, céleri
Tabasco
Harissa

Progression

Incorporer dans une poêle 2 cuillérées à soupe d'huile d'olive et 10 g de beurre, laisser brunir. Saisir les Saint-Jacques 30 secondes de chaque côté, saler à la fleur de sel et au poivre de Séchuan, les isoler à température ambiante. Émincer finement l'oignon, le faire suer.
Couper en dés les légumes sauf le poireau. Les faire revenir avec l'oignon coloré, laisser cuire pendant 1/2 h à feu moyen.
Au dernier moment, rajouter 5 gouttes de tabasco et 1 g de harissa
Faire une mosaïque de légumes, poser les Saint-Jacques autour, arroser d'un filet d'huile d'olive et de ciboulette.
Servir éventuellement avec une fricassée de girolles.

16ème Arrondissement & 17ème Arrondissement

11, place des État -Unis
75016 Paris
tel : 01.40.22.11.10

LA CRISTAL ROOM

Une discrète façade en pierre de taille abrite, sur la Place des États-Unis, un hôtel particulier au destin exceptionnel. Repris par Baccarat en 2003 et entièrement rénové par Philippe Starck, il accueille dorénavant le siège de la prestigieuse manufacture de cristaux, ainsi qu'un restaurant, *La Cristal Room*, dans l'ancienne salle à manger des Noailles.

Séduit tout autant par la personnalité du commanditaire que par la mémoire des lieux, Philippe Starck s'appuie sur deux histoires hors du commun en rénovant de manière exceptionnelle cette maison dans laquelle poésie, esthétisme, culture patrimoniale et design s'imbriquent à merveille et redonnent vie à la belle endormie.

C'est en 1895 qu'elle a été édifiée par l'architecte Paul Ernest Sanson pour un puissant banquier, Maurice Bischoffsheim. Près de vingt ans plus tard, sa fille Marie-Laure, figure emblématique du monde de l'art, reprend avec son mari Charles de Noailles l'hôtel particulier pour en faire un des salons les plus prisés de la capitale. La maîtresse des lieux, dont la fantaisie et la curiosité restent légendaires, demande alors au décorateur Jean-Michel Franck de réaliser un étonnant salon en peau de raie crème ainsi qu'un décor en marqueterie de paille. Dans un cadre hors du commun, où les Rubens et les Watteau se mélangent aux œuvres de Braque, Klee et Picasso, aristocrates, hommes d'affaire et artistes se côtoient dans des fêtes inouïes. Le luxe s'y marie alors au raffinement et à une imagination débridée, que certains n'hésitent pas à qualifier « d'esthétique du bizarre ».

Marie-Laure de Noailles applaudirait sans aucun doute le nouvel univers, pour lequel Philippe Starck a reçu carte blanche. *La Cristal Room*, à laquelle on accède par un tapis lumineux, conserve la fantaisie et « l'esprit baroque » qui animait autrefois les lieux : les murs, dont les briques ocre sont entourées de cadres dorés et de marbres, ont été conservés et sont rehaussés de médaillons. Les chandeliers, lustres et verres de Baccarat se mélangent avec un naturel étonnant au mobilier contemporain, chaises, canapés et coussins roses.

Un petit salon au plafond molletonné, d'où s'échappe un imposant lustre noir jouxte la grande salle, tandis qu'une grande table est aménagée, certains soirs, dans le grand escalier, devant une bibliothèque monumentale en verre où sont exposées des pièces du musée.

C'est dans cet univers raffiné et onirique que le chef Thierry Burlot développe une cuisine subtile et enlevée, entraînant les convives un peu plus loin dans le plaisir des sens...

TARTARE D'HUÎTRES ET GROSEILLES

Ingrédients

pour 4 personnes

12 huîtres n°1
6 mini poireaux
1 échalote
1 botte de ciboulette
2 piments doux rouges
1 botte de cébettes
1 botte de groseille

Pour la pâte :
250 g de farine
35 ml d'huile d'olive
7 g de sel
65 ml d'eau
170 g de beurre
1 bouquet de shiso vert
1 bâton de citronnelle

Progression

Préparer la pâte puis l'étaler sur 2 mm d'épaisseur entre 2 feuilles. La cuire entre 2 plaques. La tailler à chaud en bande de 2 cm de largeur sur 15 cm de longueur.
Ouvrir puis faire raidir les huîtres, les hacher en y ajoutant le poireau, la cébette en fins biseaux, le piment. Hacher la ciboulette puis l'échalote ciselée.
Confectionner une confiture de groseilles.
Disposer le tartare sur la pâte, y ajouter quelques noisettes de confiture, y déposer quelques bâtons de citronnelle et des têtes de shiso verte.

*19, chaussée de la Muette
75016 Paris
tel : 01.42.15.15.31*

LA GARE

Comme l'ensemble du réseau de gares de la petite ceinture, La Gare – station Chaussée de la Muette – ferme ses portes en 1981 après un siècle de bons et loyaux services aux usagers du 16ème arrondissement.

L'endroit a par la suite connu des fortunes diverses, de même que la plupart de lieux similaires. Tour à tour occupée par un fleuriste, une agence commerciale immobilière puis un showroom, l'ancienne station, tranquillement installée au beau milieu de la Chaussée de la Muette, fut reprise en 1996 par un restaurateur tombé sous le charme de ce lieu insolite.

La paisible entrée en briques rouges, élégamment coiffée de son horloge blanche en arrondis, accueille aujourd'hui encore ici et là les « anciens » du quartier, nostalgiques venant se remémorer l'époque où les trains fonctionnaient. Lieu de convivialité, la gare abritait alors bourgeois, ouvriers et commerçants en partance pour les périphéries parisiennes. On y attendait ainsi le prochain départ, à l'abri des vastes structures en métal soutenant l'édifice ferroviaire.

Si le défilé continue aujourd'hui encore, le voyage est dorénavant gastronomique. Les guichets du rez-de-chaussée ont cédé la place à un confortable bar entouré de fauteuils clubs en cuir patiné, étape indispensable avant de descendre le vaste escalier menant aux quais.

Un vieux parquet aux lattes sombres et épaisses soutient les nombreuses tables éclairées par une abondante et agréable lumière naturelle pendant la journée, tandis que le soir, plus tamisé, l'éclairage enveloppe discrètement les dîneurs répartis entre les gros rideaux de velours rouge.

Un ensemble de vidéos projetées au milieu des nombreux miroirs s'alignant sur toute la longueur du restaurant évoque, fidèle à l'esprit des lieux, le mouvement, le déplacement et la nature, tant et si bien que l'on s'imagine sans mal en partance vers quelque destination inconnue, à bord d'un Orient-Express au charme contemporain.

FINE TARTE DE TOMATES ET MOZZARELLA
filets de rouget rôti

Ingrédients
pour 5 personnes

10 abaisses fines de feuilletage rectangulaire 3x7 cm
6 petites tomates bien rouges
100 g de mozzarella
1 tête d'ail
1 botte de basilic
1 botte d'oignons nouveaux
5 pièces de rougets de 250 g
1 dl d'huile d'olive
100 g d'olives niçoises dénoyautées
100 g de câpres
2 filets d'anchois

Progression

Émincer et compoter les oignons nouveaux. Tartiner sur les abaisses de feuilletage.
Émonder, faire des pétales de tomates, confire avec l'ail, le thym, l'huile d'olive, le sel et le poivre.
Couper la mozzarella, mariner avec l'huile d'olive, basilic, sel, poivre.
Monter les tartes en intercalant les pétales de tomates confites, un morceau de mozzarella et des feuilles de basilic.
Rôtir les filets de rouget au four quelques minutes.
Faire la tapenade en mixant l'huile d'olive, le basilic, les olives, les câpres et les anchois.
Dresser la tarte chaude de tomates en décalant les filets de rougets et en ajoutant un peu de tapenade.

*Allée de Longchamp
75016 Paris
tel : 01.45.27.33.51*

LA GRANDE CASCADE

Soucieux d'offrir aux Parisiens la possibilité de s'aérer, Napoléon III décide de réaménager une grande partie des espaces verts de la capitale. Prenant pour modèle le Hyde Park de Londres avec lequel il souhaite rivaliser, l'empereur confie à l'ingénieur et paysagiste Jean-Charles Alphand et à l'architecte Gabriel Davioud – sous la houlette du Baron Haussmann – la mission titanesque de remodeler le bois de Boulogne.

Allées, lacs, îles, puits, mares et cascades ponctuent dès lors le paysage. Au pied de l'une d'elles, « la Grande Cascade », surnommée ainsi à cause de sa taille – 10 mètres de large sur 14 mètres de haut – l'empereur se fait construire pour ses haltes au bois un pavillon, transformé à l'occasion de l'Exposition Universelle de 1900 en restaurant. Non loin des Champs-Élysées très en vogue à l'époque, l'endroit devient le rendez-vous des parisiennes élégantes et le théâtre de nombreuses intrigues galantes. Proche des hippodromes de Longchamp et d'Auteuil, il est également le repaire des turfistes.

Quelques limonadiers et brasseurs se succèdent à *La Grande Cascade* avant que le lieu ne devienne un véritable restaurant. Rénovée à la fin des années 80 par la famille Menut, propriétaire des lieux depuis plus de quarante ans, *La Grande Cascade* retrouve sa prestigieuse atmosphère d'antan : mobilier à la française, tentures et passementeries font le décor de la majestueuse salle principale.

Trop abîmés, les plafonds Napoléon III sont reconstitués : moulures, angelots et guirlandes de fleurs bordent une large verrière carrée, tandis que des ciels nuageux sont peints sur les plafonds de la rotonde et des pièces adjacentes. Au pied d'un charmant escalier montant au salon Longchamp trône désormais un bar en acajou illuminé par des lustres ornés de nombreuses pampilles, alors que la rotonde de ce luxueux et feutré pavillon Napoléon III ouvre sur une terrasse ombragée, dominée par une imposante marquise, elle aussi restaurée.

NOIX DE COQUILLES SAINT-JACQUES POÊLÉES
aux endives et beurre noisette, râpée de truffes noires

Ingrédients
pour 4 personnes

12 pièces de noix de Saint-Jacques
2 cl d'huile de noix
160 g de beurre
4 pièces d'endives
50 g de beurre
2 jus de citron
1 pincée de sucre
Sel, poivre
1 truffe de 50 g

Progression

Ouvrir les coquilles Saint-Jacques, retirer les barbes, les laver à l'eau courante, les sécher sur un linge.
Éffeuiller les endives de façon à ce qu'elles soient régulières, couper les extrémités et les laver.
Les mettre en cuisson avec de l'eau, 50 g de beurre, le sucre, le sel, le poivre, 1 jus de citron et laisser à couvert. Une fois cuites, les couper dans le sens de la longeur.
Beurre noisette : Faire fondre 100 g de beurre dans une casserole et l'amener jusqu'à la couleur noisette. À ce moment précis, ajouter 1 jus de citron, sel et poivre.
Finition : poêler les noix de Saint-Jacques et les endives. Dresser et saucer avec le beurre noisette.
Râper une truffe noire sur les noix de coquilles Saint-Jacques.

16, avenue Victor Hugo
75016 Paris
tel : 01.44.17.35.85

PRUNIER

C'est au cours d'un voyage de noces dans les fjords norvégiens qu'Émile Prunier, restaurateur, découvre en 1904 les pêcheries et la possibilité d'acheter, de transporter et de vendre des poissons vivants.

Suivant les traces de son père Auguste, fondateur de l'un des restaurants d'huîtres les plus réputés de Paris, Émile, ingénieur de formation, se passionne pour toutes les avancées scientifiques de son temps. À l'origine d'un système permettant d'oxygéner de grands bacs d'eau douce, puis d'eau salée, il arrive ainsi à transporter en France puis dans les pays avoisinants des poissons frais et vivants et s'impose rapidement comme le plus grand spécialiste du poisson en Europe. Gustave de Suède et Marie de Roumanie deviennent alors des clients réguliers de son établissement.

Le succès se confirme, et Émile Prunier décide d'ouvrir en 1925 un nouveau restaurant. Amateur d'art et homme de goût, Émile ambitionne de créer le lieu le plus moderne et le plus élégant de la capitale. Séduit par le style Art déco – qui s'est discrètement affirmé depuis une dizaine d'années – il fait appel aux architectes Boileau et Carrière, au sculpteur Brodowidz et à des élèves de Lalique, Le Bourgeois et Labouret, pour créer ce qui reste incontestablement le fleuron de l'Art déco parisien.

Si la façade séduit, avec ses cercles délicatement incrustés de motifs géométriques et voluptueusement entrelacés, l'intérieur plonge le visiteur dans une réelle féérie géométrique.

Mille et un petits triangles se suivent et s'élèvent vers le plafond, tels des feux d'artifice d'or sur fond de marbre noir, tandis que des cercles or et blanc dialoguent avec les petites mosaïques rectangulaires traçant des courbes dorées sur le sol, semblables au dos recourbé d'un poisson jaillissant de l'eau.

Les superbes panneaux en bois doré décorent aujourd'hui encore le bar avec grâce et sont rehaussés depuis quelques années par un aquarium contemporain créé pour *Prunier* par l'américain Bob Wilson.

L'escalier monumental mène à un vaste salon imaginé par le décorateur Jacques Grange qui s'est inspiré de contes et de légendes russes ancestrales et a élaboré ainsi un espace plus intime et onirique.

Les assiettes elles-mêmes, rééditions de créations de Mathurin Méheut, en 1932, mettent en avant dans des tons bleu le monde marin. Elles accueillent, fidèles à la tradition du fondateur, « tout ce qui vient de la mer ».

SALADINE DE HOMARD BRETON,
JEUNES POUSSES DE BETTERAVE, DÉS DE PAPAYE ET CŒURS DE PASSION

Ingrédients

pour 4 personne

Principal :
2 pièces de homard breton
2 pièces de papaye
1 pièce de fruit de la passion
1 mangue
1/2 botte de cerfeuil
1/2 botte de ciboulette
100 g de pommes de terre ratte
150 g de pousses de betterave
100 g de mesclun ou de saladine
Sel fin, fleur de sel et poivre du moulin

Pour la vinaigrette :
5 cl de fumet de homard
5 cl de vinaigre balsamique
5 cl d'huile d'olive
10 cl d'huile d'arachide
2 cl d'huile de noisette

Pour la nage :
2 l d'eau
15 cl de vinaigre
25 cl de vin blanc
1 branche de céleri
1 gros oignon
1 carotte
1 bouquet garni
1 cuiller à café de gros sel
1 cuiller à café de poivre noir

Progression

Faire la nage :
Laver, éplucher et émincer la carotte, l'oignon et le céleri. Mettre à bouillir l'eau, ajouter le vinaigre et le vin, le gros sel, le poivre en grains et le bouquet garni. Porter à ébullition, puis plonger le homard. Quand l'ébullition reprend, cuire 5 mn et laisser le tout refroidir, avant d'égoutter et de décortiquer les homards.
Éplucher et laver la salade, les pousses de betterave. Émincer le cerfeuil, la ciboulette.
Éplucher, laver et tailler les rattes en dés de 3 mm, les cuire à l'eau 2 à 3 mn.
Éplucher la papaye, tailler la moitié en fines lanières, le reste en dés de 3 cm.
Récupérer la pulpe du fruit de la passion.
Confectionner la vinaigrette puis ajouter les dés de pommes de terre et de papaye, la pulpe de la passion et la ciboulette.
Mélanger la salade et les pousses, y ajouter quelques gouttes de vinaigrette.
Fendre le homard en deux, dresser 1/2 homard par assiette, ajouter la salade, les tranches de mangues et les pinces. Finir avec la vinaigrette et décorer avec du cerfeuil, assaisoner avec la fleur de sel et le poivre.

10, rue Gustave Flaubert
75017 Paris
tel : 01.42.67.05.81

LE BISTROT D'À CÔTÉ

Beurres, œufs et fromages ont cédé la place à de nombreuses faïences colorées qui ressuscitent cette ancienne crémerie-épicerie fine du début du siècle.

Installée au 10 rue Gustave Flaubert, dans un quartier des Ternes prospère, la boutique de Monsieur Roumy – « maison de confiance » selon la réclame – écoule ses bons produits frais, laits entiers, demi-écrémés, caillés et fromages de toutes sortes.

Comme dans nombre de petits commerces de l'époque, charcuteries ou boulangeries, la décoration est ici soignée. De délicates étagères en bois et cuivre courent le long des murs et accueillent – outre la crémerie – conserves, bocaux, terrines de volailles, herbes et aromates, thés de Chine ou cafés d'Afrique, au grand bonheur des gourmets du quartier. On peut apercevoir, alors que l'on se presse pour payer, deux agréables fresques aux motifs floraux surplombant la caisse de Madame Roumy, posée sur un buffet en bois massif et marbre blanc. Des lampes en verre peint jaune et noir, création de Muller Frères Lunéville, dans la lignée des créations de Gallé et de l'école de Nancy, évoquent un Orient féérique et lointain, et viennent éclairer avec chaleur l'ensemble de la grande pièce.

Cent ans plus tard, l'endroit n'a guère perdu de son charme. La belle façade en bois sombre a conservé ses entrelacs Art nouveau et sa scène rurale bucolique. Seuls les produits frais et les *delicatessen* ont disparu des vieilles étagères, le nouveau propriétaire des lieux, Michel Rostang, ayant un faible pour les vieux guides *Michelin* et les barbotines. Henri IV voisine donc dorénavant avec Napoléon, Jeanne d'Arc et Poincaré.

OMELETTE AUX CÈPES ET AUX TRUFFES

Ingrédients

pour 4 personnes

10 œufs
500 g de rognons d'agneau
100 g de foie de lapin
20 g de graisse de canard
200 g de cèpes en bocal
1/2 botte de persil plat
1 gousse d'ail
Sel, poivre

Progression

Préparer les rognons en retirant la graisse, le nerf central et la membrane. Les détailler en dés. Couper les foies de volailles en dés également.
Laver et hacher le persil. Éplucher et émincer la gousse d'ail.
Faire fondre dans une poêle la moitié de la graisse de canard, puis y saisir les rognons et les foies et les griller de chaque côté. Assaisonner, puis ajouter l'ail et la moitié du persil. Réserver
Casser les œufs dans un bol, puis les battre et ajouter les rognons et les foies.
Faire fondre la graisse restante, puis verser le mélange précédent. Faire cuire quelques minutes à feu doux, puis incorporer les cèpes égouttés et les truffes en lamelles. Laisser cuire le tout 4 mn. Réserver.
Dresser en saupoudrant avec le reste du persil.

19ème Arrondissement & 20ème Arrondissement

188, avenue Jean Jaurès
75019 Paris
tel 01.42.39.44.44

LE BŒUF COURONNÉ

Paris 1867 : au *Bar du Petit Bœuf*, bouchers et mandataires négocient le prix de la viande autour d'un verre de vin blanc.

En face, le marché aux bestiaux bat son plein à deux pas des nouveaux abattoirs de la Villette récemment installés. Communiquant avec la brasserie au décor rustique – carreaux aux murs, banquettes et tables en bois, un véritable restaurant propose une cuisine plus travaillée : côtes de bœuf et tendres pièces charolaises sont servies dans une vaste salle boisée aux larges banquettes en cuir. Créé sous Napoléon III, ce temple de la viande est judicieusement baptisé *Le Bœuf Couronné*.

La disparition des abattoirs, dans les années 60, sonne le glas des derniers transitaires. Mais l'établissement a acquis une solide réputation auprès des amateurs de bonne chair qui n'hésitent pas à traverser tout Paris pour venir y dîner.

Vestiges de la vieille époque, les anciens billots en bois de hêtre de la cuisine, marqués par l'usure des lames de hachoirs, trônent aujourd'hui encore au fond du restaurant, tandis que dans la brasserie figure toujours un tableau utilisé auparavant pour indiquer aux détaillants le prix quotidien des viandes.

Remplaçant les anciens abattoirs et le marché, la Cité de la Musique fait son apparition à la Villette. Touristes et mélomanes se pressent au *Bœuf Couronné* qui reprend du poil de la bête. Féru de viande, Jacques Brel devient un habitué de l'endroit, tandis que musiciens et chanteurs viennent y dîner après leurs spectacles. Clin d'œil aux nouvelles activités du quartier, des tableaux représentant toutes sortes d'instruments de musique sont accrochés aux murs du restaurant.

Plaisir supplémentaire offert aux bons vivants, un petit salon dédié à la dégustation de cigares a été créé au premier étage. Confortablement assis dans des fauteuils en cuir rouge, les amateurs de Havane couronnent leur soirée, sous le regard approbateur des plus célèbres fumeurs de cigares de l'histoire, immortalisés par des photographies en noir et blanc.

TÊTE DE VEAU SAUCE RAVIGOTE

Ingrédients

pour 4 personnes

1 tête de veau pour 4
250 g de carottes
céleri rave
200 g d'oignon
2 feuilles de laurier
6 graines de piment de la Jamaïque
1 citron
100 g de farine
60 g de câpres
6 cornichons
1 petit oignon
1/2 botte de persil
Huile d'olive
Vinaigre de vin
1 cuillère à soupe de moutarde

Progression

Mettre à dégorger à l'eau courante de préférence la tête et la langue 6 à 7 h environ, égoutter. Les plonger dans un grand récipient, mouiller à hauteur d'eau froide, laisser bouillir (blanchir) 10 mn environ. Rafraîchir à l'eau courante, égoutter, puis citronner la tête avec un demi-citron, pour l'empêcher de noircir. Détailler la tête en portions.
Préparer la langue. Diluer dans un récipient suffisamment grand un peu de farine avec de l'eau froide, ajouter un jus de citron, saler au gros sel. Ajouter 3 carottes en rondelles, le céleri rave, 2 oignons émincés, 2 feuilles de laurier, 6 graines de piment de la Jamaïque, mouiller si besoin.
Faire partir l'ébullition en remuant fréquemment. Mettre la tête de veau et la langue. Laisser cuire à couvert 2 à 3 heures environ. Retirer la langue avant la fin de la cuisson de la tête, cette dernière étant plus longue à cuire
Pour la sauce ravigote : mélanger les câpres, les cornichons, les oignons et le persil haché puis incorporer dans une vinaigrette a la moutarde.

1, rue Jourdain
75020 Paris
tel : 01.46.36.65.81

ZÉPHYR

Le Tout-Paris des Années Folles danse au rythme du fox-trot et du shimmy, et la môme Moineau chante dans les rues de Belleville tandis que le Relais des Pyrénées ouvre ses portes au numéro 1 de la rue Jourdain, frontière entre les 19ème et 20ème arrondissements. Jeux de miroirs cernés de bois foncé, consoles aux lignes géométriques, larges sofas et sièges en cuir, l'ambiance Art déco sophistiquée des lieux attire les promeneurs des Buttes Chaumont et les habitants de ce quartier d'ouvriers et d'artistes.

Réputé et primé pour la grande qualité de sa cuisine, le restaurant devient, au lendemain de la seconde guerre mondiale, une adresse connue des gastronomes parisiens. Célèbre pour ses spécialités basques et béarnaises, les amateurs, achevant leurs copieux dîners en dégustant un vieil alcool de fruit, prolongent bon nombre de leurs soirées autour du piano à queue qui, jusqu'à une époque récente, trônait dans la salle principale.

Racheté en 1989, *Le Relais des Pyrénées* a cédé sa place au *Zéphyr*. Comme pour renouer avec les idées anti-traditionnelles qui ont donné naissance à l'Art déco, une fresque inspirée par le cubisme de Georges Braque et de Juan Gris – des partitions de jazz se fondent en journaux se transforment eux mêmes en tables à jeux – est peinte en haut des murs du restaurant.

Désireux de retrouver une convivialité plus simple, les nouveaux propriétaires font abattre la cloison qui séparait jusqu'alors le bar du restaurant. Le lieu est à nouveau repris en 2001, et si la plomberie et l'électricité sont modernisées pour la première fois depuis la création du restaurant – les tuyaux étaient encore en plomb et les interrupteurs en porcelaine –, les boiseries et une grande partie du mobilier de cette très vieille maison restent d'origine.

CRÈME BRÛLÉE AU ROQUEFORT

Ingrédients

pour 4 personnes

1 litre de crème fleurette
10 jaunes d'œufs
5 g de sel
200 g de roquefort

Progression

Mélanger les jaunes avec le Roquefort légèrement fondu.
Ajouter le sel et la crème liquide.
Cuire au bain-marie au four à 100 ° pendant 30 mn.
Laisser reposer au froid.
Brûler à la cassonade avant de servir.

Astuce : l'accompagner d'un sorbet au roquefort sur une chiffonade d'herbes fraîches.

Table des recettes

Entrées

Carpaccio de sardines crues, mozzarella di bufala *Le Bistrot du Peintre*	189
Caviar de cocos de Paimpol *Julien*	175
Crème brûlée au roquefort *Zéphyr*	253
Empanadas de bœuf coupé au couteau *Unico*	197
Fine tarte de tomates et mozzarella, filets de rouget rôti *La Gare*	229
Foie gras de canard confit à l'ancienne *Le Train Bleu*	207
Noix de Saint-Jacques poêlées aux endives, rapée de truffes noire *La Grande Cascade*	233
Risotto de morilles aux asperges *La Maison du Télégraphe*	125
Saladine de homard, pousses de betteraves dés de papayes et cœurs de passion *Prunier*	239
Tartare d'huîtres et groseilles *La Cristal Room*	225
Tête de veau sauce ravigote *Le Bœuf Courroné*	249
Tourte de raie en gelée *Benoît*	59

Plats

Viandes

Andouillette rôtie au Vouvray *Au Petit Riche*	165
Blanquette de veau « Polidor » *Polidor*	115
Boudin au four, purée maison, pommes croquantes *Le Clown Bar*	193
Cochon de lait farci aux herbes et cuit à la broche *La Fontaine Gaillon*	31
Côte de bœuf, cèpes rôtis au four *L'Ami Louis*	47
Les Escargots de la Gueuzaille *L'Escargot Montorgueil*	13
Filets de canette rôtis au Sarawak, navets caramélisés au citron vert *Le Paris*	111
Filet de lapin à la Sarriette, Mitonne de fèves à la ventrèche *Brasserie Lutétia*	89
Foie de veau poêlé à l'anglaise *Le Grand Colbert*	41
Gravalax de bœuf 1728 *1728*	141
Le Tigre qui pleure *Georges*	75
Manchamanteles *Anahi*	51
Noisettes d'agneau Édouard VII, sauce truffée, escalopes de foie gras *Maxim's*	149
Rognons flambés au cognac *Mollard*	153
Selle d'agneau au four, compote de souris aux épices et amandes *Apicius*	131
Souris d'agneau braisée à la réglisse *Le Bouillon Racine*	85

Tartare Closerie 93
La Closerie des Lilas

Travers de porc aux aubergines 107
et aux tomates confites
Montparnasse 1900

Volaille de Bresse déglacée 27
au vinaigre de vin vieux
Aux Lyonnais

Poissons

Cassolette de lotte sauce New Burg 135
Le Bœuf sur le Toit

Lotte aux poivrons et à la tapenade 23
Le Zimmer

Poêlée de saint jacques, légumes croquants 217
Je Thé…Me

Raie au beurre noisette 183
Le Terminus Nord

Rougets rôtis à la moelle, petits légumes 161
Le Café de la Paix

Saumon grillé au beurre blanc 179
La Table du Pavillon

Sole fourrée aux épinards 169
Flo

Soles Meunières 119
Vagenende

Tronçons de turbot, sauce hollandaise 213
Le Dôme

Légumes

Topinambours à la Darphin 19
Le Grand Véfour

Omelette aux cèpes et aux truffes 243
Le Bistrot d'à Côté

Desserts

Baba au rhum et ananas confit 55
au gingembre, crème à la vanille
Guillaume

Crêpes « Alexandre » 37
Gallopin

Figues rôties, 201
sauce chocolat et glace vanille
Le Square Trousseau

Nage de pêches au tilleul de Carpentras, 69
sorbet de groseille
Le Dôme du Marais

Moelleux au chocolat, 145
glace au lait d'amande
Le Fouquet's

Pain perdu de kouglof, glace caramel 65
Bofinger

Profiteroles au chocolat, sauce chocolat 81
Le Balzar

Soufflé Lapérouse au praliné à l'ancienne, 103
caramel au vieux rhum
Lapérouse

Tarte au chocolat amer 97
Les Deux Magots

Remerciements

Les Editions Ereme tiennent à exprimer leur profonde gratitude à Monsieur André Santini, Secrétaire d'État, Député-Maire d'Issy-les-Moulineaux, qui a bien voulu préfacer cet ouvrage.

Notre reconnaissance va également à toutes celles et ceux – gérants, directeurs, chefs, responsables de la communication des établissements présentés – qui nous ont ouvert leurs portes et nous ont permis de réaliser cet ouvrage dans les meilleures conditions possibles.

Nous remercions enfin les auteurs du livre
Valentine Vermeil et Clémentine Forissier, Cécile Febvre

Nous remercions également :

Corentin de Trégomain, Hélène Sclia-Balacéano, Matthieu Dumas, Hélène Durand-Lassalle, Elisabeth et Jean Flory, Claude Guyottot, Jean-François Lemaire, Cyril Sauzay, Nathalie Le Gris, Basile Demnard, Julien Chastin, Elisabeth Dumas, Paul Delbart

Idée et suivi éditorial : Matthieu Flory
Photographies : Valentine Vermeil
Textes : Matthieu Flory, Clémentine Forissier
Conception Graphique : Nicolas Marchand
Mise en page : Matthieu Flory
Photogravure : GCS, Montreuil, Delta Color, Nîmes
Impression : Ferré Olsina, Barcelona, UR

Copyright
©Editions Ereme 2007
Tous droits de reproduction réservés en toutes langues et pour tous pays

Toute photographie
©Valentine Vermeil sauf © D.R. pp. 194-196, 221

Textes
©Matthieu Flory, Clémentine Forissier, Cécile Febvre

Editions Ereme
9, avenue de l'Observatoire - 75006 Paris
editions.ereme@wanadoo.fr